행복공작소

Ⅰ. 나의 삶, 나의 행복

출생의 비밀   11

신문보급소   12

봉사의 길로 들어서다   13

친구의 백일잔치   17

국밥 한 그릇과 연탄 한 트럭   19

사회복지사의 날   21

사회복지사가 되는 길   23

지극히 작은 하나에게 한 것이 곧 내게 한 것이라   27

완도 어머니   30

요양원에서의 보람과 행복   34

요양보호사가 되기 위해서   37

요양보호사 자격취득 과정과 하시는 일   39

Ⅱ. 웃음 테라피

오늘 저와 함께 웃어보실래요?   49

웃음은 행복항체   50

'웃음' 없는 세상을 상상해 보세요   51

왜 우리는 웃어야 할까?   52

여러분은 얼마나 웃고 계신가요?   54

걱정해서 걱정이 없어지면 걱정없겠다   55

당신이 먼저 웃으세요   56

웃음이 주는 놀라운 기적!   57

웃음으로 마음열기   61

뇌를 자극하는 웃음 기법   62

'하호히헤후' 웃음소리   63

웃음 훈련   65

이렇게 웃어보세요   66

웃음보약 드실래요?   69

웃음은 추억선물이다   69

당신의 미소는 세상에서 가장 아름답습니다   70

웃음운동지도사와 직업전망   72

III. **푸드아트** **테라피**	현대사회와 테라피	76
	음식의 기능	76
	푸드아트 테라피의 기능	78
	푸드아트 테라피의 특징	79
	푸드아트 테라피에서의 다양한 활동	80
	푸드아트 테라피의 실제	83
	푸드아트 테라피의 효과	94
	전망이 좋은 직업, 푸드아트 심리상담사	98
IV. **원예 테라피**	원예란?	107
	냅킨을 이용한 걸이화분	108
	디쉬가든	110
	다육(선인장)모아심기	112
	테라리움	114
	하이드로볼을 이용한 수경재배	116
	스파티필름을 이용한 수경재배	118
	포인세티아 심기	120
	숯 분경	123
	꽃꽂이	125
	사탕바구니	127
	리스만들기	129
	냅킨아트 화장품정리함 만들기	131
	토피어리	133
	원예심리상담사	138
V. **전통** **전래놀이**	전통놀이의 정의	143
	왜 놀아야 하는가?	143
	놀이를 통해 무엇을 줄 수 있을까?	145
	활동 영역	146
	사라져가는 이유	146
	전통놀이 발전 계승	147

너구리와 닭   148

무궁화 꽃이 피었습니다   149

얼음 땡   150

바나나 술래잡기   151

한 발짝 술래잡기   152

왕짱구   152

신발 뺏기   153

숨바꼭질   154

다리셈 놀이   155

달팽이 놀이   157

기차 놀이   158

대문 놀이   159

남생아 남생아   161

떡장수 놀이   162

십자 돌기   163

씨름   164

어미새 놀이   166

여우야 여우야 뭐해   167

우리 집에 왜 왔니(꽃찾기 놀이)   170

오징어 놀이   171

이랑 타기   173

안경 놀이   174

한발 뛰기   174

8자 놀이   176

　꿈 많던 어린아이가 부모가 되고, 각자 자리에서 자신의 역할을 하며 산다. 인생을 살면서 누구나 자신의 자리에서 성공을 꿈꾼다. 그리고 강사는 언제나 인정받는 명강사가 되기를 꿈꾼다. 우리가 어릴 때 꿈을 꾸었던 것처럼 꿈을 꾸고 앞으로 나아간다. 대중 앞에 선다는건 긴장되는 일이다. 그러나 긴장 또한 즐길 줄 알아야 전문강사가 될 수 있다. 나를 끌어올리는 힘이 자신의 내면에 있다는 것을 믿기 바란다.

"불완전할 때 시작하라! 모든 일은 망설이는 것보다 불완전할 때 시작하는 것이 한 걸음 앞서는 것이다."

　　　　　　　　　　　　　　　　　　　　　　-러셀

강사는 강연과 진행을 한다. 대상자가 궁금해하는 것을 전달하는 사람으로 목적지를 가르쳐 주는 도로 표지판과 같은 역할을 하는 사람이다. 중요한 것은 자신이 하고 싶은 말을 하는 것이 아니라 듣고 싶은 것을 듣게 해 주어야 한다. 대중 앞에서 우리의 생각과 느낌을 분명하게 표현하려면 타인의 생각과 느낌에 귀기울어야 한다. 그리고 타인의 행복을 정진하려면 자신의 재능과 기술을 계발하는데 시간과 노력을 아껴서는 안된다.

우리는 발전된 기술의 혜택을 누릴 수 있는 세상에 살고 있다. AI시대, 팬데믹 이후 세계질서와 그 이후에 어떤 세상이 올 것인지 포스트코로나 시대에 교육시장이 어떻게 변화할지 대처하고 전략을 세워야 할 시기이다.

폭풍은 지나가고 인류는 살아남겠지만 우리는 다른 세상에 살 것이다. 다른 사람과 같은 행동을 한다면 우리는 달라질 수 없다. 지금은 배운 것을 삶과 연결하는 기회이며 고유한 재능이나 자질에 대해 한층 업그레이드할 수 있는 기회로 다른 사람과 우리 자신에 대한 이해의 폭을 넓히는 시간이 될 것이다.

배움은 전적으로 개인적인 경험이다. 모든 개인은 각자 다른 능력과 기술을 가지고 있으며 속도 또한 다르다. 각자 자신만의 속도와 방향에 맞추어 성장해 나갈 것이다. 내면 깊숙한 곳으로부터 자신의 숨겨진 새로운 능력, 즉 효과적인 의사전달 능력을 계발하여 발전을 기대해 본다.

이 책은 각기 다른 영역에서 활동하고 계시는 강사님들의 재능과 기술을 배우고 현장에서 있었던 사례들을 통해 사회복지, 웃음치료, 미술아트 테라피, 원예 테라피, 놀이 테라피를 통해 많은 사람들이 치유를 받고 행복한 삶을 영위할 수 있음을 보여주고 있다.

제1장은 어린 시절 힘든 상황에서도 봉사를 하면서 사회복지현장에 들어서게 되고 현장에서 느끼는 사례들을 통해 세상이 얼마나 따뜻한지를 보여주고 있다.

제2장은 빠르게 변하고 바이러스와 싸우며 함께해야 하는 스트레스 가득한 세상에, 웃음을 잃어가는 사람들에게 웃음과 행복을 주는, 왜 웃어야 하는지, 어떻게 웃어야 하는지, 웃음이 주는 기적 등을 소개함으로써 우리에게 기쁨을 선물한다.

제3장은 인간이 살아가는 데 가장 중요한 의식주 중에 식생활과 관련된 음식으로 활동할 수 있는 '푸드아트 테라피'로, 삶에 지친 다양한 계층의 사람들에게 치료요법을 가르쳐줌으로써 몸과 마음이 풍성해지는 심리치료프로그램을 소개하고 있다.

제4장은 도시 속에서 살아가는 현대인에게 자연의 소중함을 보여주는 '원예 테라피'로, 흙을 만지고 식물을 만짐으로써 누구는 추억을 회상하고, 누구는 생명의 소중함을 느낀다. 식물을 기르는 원예활동과 다양한 꾸미기를 하는 원예활동으로 구분하여 소개한다. 자연사랑, 생명존중, 심리안정을 위한 프로그램으로 개인은 물론 가정친화 프로그램, 집단상담, 또래집단상담 프로그램으로 진행되고 있다.

제5장은 '전래놀이'를 소개한다. 놀 줄 아는 아이가 멋진 어른으로 성장한다고 한다. 놀면서 배운다. 어릴 때 우리는 동네 언니, 오빠, 형과 동생들이 스승이 되기도 하고, 리더들이 되기도 했다. 이제는 배워야 놀 수 있는 아이들이 되었다. 하지만 아이들 세상 속으로 들어가면 그들만의 놀이가 존재한다. 그들 놀이 안에 어른들이 놀았던 놀이를 알려주고 함께 논다면 아이들의 얼굴에 미소가 가득할 것이다.

포스트 코로나 시대를 거쳐 위드 코로나 시대를 살아가야 하는 우리들이다. 삶 속에 수많은 스트레스를 담고 있다. 먹으면 배출해야 하는 것처럼 우리는 스트레스를 받지 않을 수는 없다. 다만, 다양한 방법을 통해 우리는 밖으로 내보내야 한다.

이 책 속의 다양한 기법의 '테라피'를 통해 스트레스가 해소되고 한편으로는 또 다른 기회의 장이 되기를 희망한다.

ㅡ 나의 삶, 나의 행복

황찬우 hcw91@hanmail.net

- · 1966년 전남 광양에서 태어남
- · 서울한영대학교, 서울신학대학교 사회복지대학원에서 사회복지학 전공
- · 영락사회복지재단 영락 애니아의집
- · 사회복집법인 인천영락원
- · 사회복지법인 거제 성로원
- · 17년차 순천제일대학교 사회복지과 겸임교수
- · 광양시, 지역사회 단체 위원으로 활동

 꿈을 꾸고 그 꿈을 이루기 위해 시간과 열정을 불태워 공부하고 경험하였다.
2006년 8월 12일에 광양에서 최초의 개인 복지시설(무료양로원, 광양노인복지센터)을 열어 행복을 꽃피우기 시작했다.
 여기에 오기까지 엄청난 비바람과 폭풍 속에서 눈물을 삼키며 견디어야 하는 시간도 많았다. 그러나 그런 것은 돌이켜 보면 인생에서 훈련이었음을 고백하게 된다.

 16년이란 세월을 보내면서, 이곳에서 꿈을 꾸고 행복을 만들어 내는 이 시대 노인들의 '행복공장'을 지역사회 도움을 받으며 운영하고 있다. 아직까지 정부의 도움은 받고 있지 못하지만 어르신들은 이곳에서 작은 행복을 맛보며 시골 반찬을 먹으며 천국을 소망한다. 그리고 이 작은 소망 공동체 안에서 우린 행복을 이루며 살아가고 있다.

슬픔을 뒤로하고

출생의 비밀

나라가 편안해야 백성이 편안한 법인데 나라를 지키라고 했더니 정권에 욕심을 내어 무력으로 잡은 군사정권 시절, 젊은 대학생들은 교실보다는 반정부 시위 현장이 더 익숙한 최루탄 포화 속을 누비고 있을 때 아버지로부터 한 통의 편지를 받고 집으로 내려갔다.

엄마는 다른 집에 품을 팔러 가셨고 조용한 초가집에는 아버지와 나만 남았다. 시골은 요즘도 그렇지만 새소리, 풀벌레 소리 외에는 늘 한적하기만 했다.

아버지가 말문을 여셨다.

"이 썩을 놈아, 서울 가서 공부하라 그랬지 누가 데모하라 하더냐? 데모는 가진 자, 부잣집 먹고살 만한 자식들이나 하는 것이지 우리같이 가난한 집에서 힘들게 공부시켰더니 무슨 데모!!! 찬우야, 아버지 이야기 단단히 들어라. 너무 상심은 하지 마라."

아버지는 잠시 담배를 한대 피우시더니 말문을 열기 시작했다. 이야기의 시작은 아버지가 태어나서부터 내가 태어나기까지의 그 긴 시간 속으로 들어갔다. 아버지는 어렵게 말문을 여셨다.

"나는 우리 엄마 얼굴을 본 적이 없다. 엄마가 나를 낳다가 돌아가셔서 나는 작은 집에서 젖동냥을 해서 키웠다고 동네 사람들에게 들었고, 나의 아버지는 김삿갓처럼 방랑 생활을 해서 번 돈을 작은 집에 갖다 줬지만 어린 나는 아무것도 모른 채 눈칫밥을 먹고 자랐다."

그렇게 10살이 넘어도 보통학교를 보내 주지 않고 일만 시키니 집을 나와 지금의 하동, 남해, 전도 등 부잣집을 찾아 전전긍긍하면서 겨우 밥만 얻어먹고 돈 한 푼 받지 못하고 일만 해주는 아기 머슴을 하셨다는 것이다.

이렇게 시간을 보내다 결혼 적령기가 되어 고향으로 돌아와서 결혼을 했지만 다 허물어져 가는 초가집에 전답 한 평 없이 품을 팔아 가며 돈을 벌어 딸만 7명을 낳아 기르셨다고 했다.

남아선호사상이 강한 그 시대라 아버지는 이렇게 말씀하셨다.

"딸은 낳아 봤자 말짱 필요 없다."

결혼하면 남의 사람이 된다는 뜻이다. 그렇지만 우리 집 일곱 명 누나들은 참으로 착해서 초등학교 내지는 중학교만 졸업하고 서울로 식모살이, 구로공단으로 모두 일자리를 잡아 떠났다. 돈을 벌어 시집가기 전까지 시골에 계신 부모님께 돈을 보내줘서 우리 집이 일어나는 계기를 마련했다.

아들이 없어 삶의 희망을 찾지 못하다가 모든 것을 버려두고 전라북도 장수로 올라가서 광산촌에서 직장을 잡고 일을 하면서 딸 3명에 아들 1명이 있는 과부를 만나 내가 태어났다는 이야기였다.

아버지가 이런 이야기를 하는 이유는 나를 얻기 위해 얼마나 고생했는데 내가 이렇게 데모만 하고 공부 안 하면 안 된다는 의도였다. 아버지의 이런 말씀은 내가 태어나서 처음 접하는 내용이라 심적으로 무척 힘들었다.

어찌 이런 일이 나에게 있단 말인가 아버지와 한참 다투다가 며칠 후에는 서울로 다시 올라가서 다니던 학교를 그만두었다. 살던 자취방을 빼서 그 돈을 시골로 보내 드렸고 홀로 살아보겠다고 독립선언을 하고서 신문보급소에서 신문을 나르며 홀로서기를 시도하였다.

신문보급소 ·············

신문보급소 생활은 만만치 않았다. 총무로서 새벽에 용달차가 오면 신문을 내리고 또 한숨 자고 일어나 새벽 4, 5시에는 일명 '지라시'라고 하는 각종 광고지를 신문 사이에 넣어야 한다. 광고지가 많을 때는 5, 6개가 될 때도 있다. 보통 광고지는 피아노학원, 태권도학원, 미술학원, 새로 개업한 식당이나 회사의 사원 모집 광고 등이다.

고생은 내가 하고 수입금은 모두 보급소 소장님이 가져간다. 그래도 불만 없이 잠잘 방과 사무실이 주어지니 고등학교 때 자취하던 실력으로 혼자 밥을 해 먹으며 그럭저럭 살 만했다.

낮에는 수금을 해야 했다. 요즘은 온라인 제도가 있어 자동 이체되어 매달 신문대금이 통장에 들어오지만 그 시절은 총무가 이 집 저 집 다니며 수금을 해야 했다. 제때 주시는 분들도 있지만 돈이 없다고 다음에 오라고 하다가 이사를 가버리는 분들도 종종 있었다. 그러면 관리 소홀로 몇 푼 안되는 내 월급에서 삭감을 하고 주었다. 참 아픈 현실이었다. 나는 그때 가난의 참맛을 보았고, 낮은 삶이란 이런 거구나 아프기도 했지만 많이 배우는 계기가 되었다. 그야말로 최저 생활, 밑바닥의 삶, '눈물 섞인 빵'을 먹는 시기였다.

신문 돌리기는 겨울이 제일 힘들다. 자전거에 100부 200부 싣고 신도림동, 구로동, 대림동을 돌리는데 바닥이 얼어 있는 줄도 모르고 자전거 브레이크를 잡아 넘어지는 바람에 신문이 온통 땅바닥에 내동댕이쳐질 때 그 아픔은 이루 말로 표현할 수 없는 고통이었다.

아픈단 내색 하나 못 하고 혼자 울면서 땅바닥에 뒹굴고 있는 신문을 줍고 있노라니 추운 새벽에 환경미화원 아저씨가 함께 주어 주셨다. 그러면서 하시는 말씀이 지금도 생생하다.

"학생아, 울지 마라. 그렇게 고생하면 쨍하고 해 뜰 날도 온단다."

신문을 주워 주시고는 말없이 길을 쓰시는 환경미화원 아저씨, 그때 그분의 좋은 이미지 때문인지 지금도 환경미화원 어르신들을 보면 그때의 생각에 기분이 좋아진다.

낮에는 신문 구독을 독려하고, 수금을 하고, 새벽에는 신문을 돌리는 삶이 지속되었다. 함께 배달하는 학생이 사고로 나오지 못하는 날에는 두 배로 고생을 해야 했다. 힘든 생활 속에서도 신앙생활만은 확실하게 했다.

봉사의 길로 들어서다

하루는 교회 누나가 봉사를 가자고 했다. 서울 상도동에 위치한 '보육원'이었다. 난 책에서만 고아원이라는 말을 들었지 실제로 보긴 처음이었다. 게다가 그 규모가 정말 컸다. 그렇게 큰 아동 보육원이 내 눈에 펼쳐지고 그 안에서 봉사활동을 한다는 것은 꿈에도 생각 못 했던 일이다.

그때 내가 사회복지사 일을 하게 될 줄 나도 누나도 알지 못했다. 그곳에서 9년을 봉사하면서 사회복지를 알게 되었고, 이런 분야의 일을 하려면 사회복지학과를 나와야 한다는 것도 알게 되었다.

시간은 흘러 나의 방황의 시간도 끝나고 25살에 90학번으로 대학을 다시 가게 되고 나의 새로운 정체성이 확립되었다. 그러면서 인생 3단계의 야심 찬 계획표를 벽에 그려 붙여 놓았다.

1단계로 25에서 40살까지는 공부하고 경험하고, 2단계는 40~70살까지는 고향으로 돌아와서 자기 자식도 아닌 나를 잘 길러준 어머니를 봉양하면서 부모 세대를 섬기는 노인복지사업을 하고, 3단계에는 70~120까지는 목사가 되어 무보수 목회자로 자원봉사를 할 계획을 세웠다.

사람이 새로운 비전이 생기니 삶의 활기가 있고, 그 비전을 달성하기 위해 구체적 목표를 세우고 목표를 완성하기 위해 목적에 이끌린 삶을 살게 되었다. 지금 생각하고 돌이켜 보니 그분의 인도하심과 보호하심이 깊이 내 삶에 개입하셨다.

꿈을 꾸고 그 꿈을 이루기 위해 시간과 열정을 불태워 공부하고 경험하였다. 2006년 8월 12일에 광양에서 최초의 개인 복지시설(무료양로원, 광양노인복지센터)을 열어 행복을 꽃피우기 시작했다.

여기에 오기까지 엄청난 비바람과 폭풍 속에서 눈물을 삼키며 견디어야 하는 시간도 많았다. 그러나 그런 것은 돌이켜 보면 인생에서 훈련이었음을 고백하게 된다.

16년이란 세월을 보내면서 이곳에서 꿈을 꾸고 행복을 만들어 내는 이 시대 노인들의 '행복공장'을 지역사회 도움을 받으며 운영하고 있다. 아직까지 정부의 도움은 받고 있지 못하지만 어르신들이 이곳에서 작은 행복을 맛보며 시골 반찬을 먹으며 천국을 소망한다. 그리고 이 작은 소망 공동체 안에서 우린 행복공동체를 이루며 살아가고 있다.

꿈이 있는 백성은 망하지 않는다.　　　　　　　- 도산 안창호

사회복지사의 삶으로 들어서다

친구의 백일잔치

행복은 큰 것, 멀리에 있는 것이 아니라 가까이에 있다. 개인이 부모님 재산과 살던 작은 집을 팔아 남을 위해 봉사한다는 것이 쉬운 일은 아니었다. 그렇지만 꿈이 있고 열정이 있어 몰입할 수 있었다.

재정난이 어려운 시기에 농촌에 재정을 마련할 곳이라곤 땅뿐이었다. 다른 선택의 여지가 없었다. 땅을 임대하여 농사를 짓는 일은 경험해 보지 않고 보지 않고는 말로 다 할 수가 없다. 그렇지만 나는 그것을 선택해야만 했다.

한참 복분자 농사를 짓고 있는데 점심시간이 되기 몇 시간 전 농협에서 근무하는 친한 친구에게서 전화가 왔다. 땀범벅이 된 나는 땀을 닦으며 구부러진 허리를 펴고 전화를 받았다.

평상시에도 내가 하는 일에 깊은 애정을 갖고 지켜보는 친구였다. 고향이라 친구들이 많지만 우리네 인생이 자기 살기도 바쁜 한창 40대, 인생의 뿌리를 내리는 시기이기에 옆을 돌아볼 여유가 없는 것이 사실이다.

친구는 다른 약속 없으면 점심 한 끼 하자고 했다. 쾌히 승낙을 하고 점심때가 되어 친구가 근무하는 농협 부근의 삼계탕집으로 갔다. 그곳에 가니 지게차를 운영하는 친구 강 사장과 농협에 근무하고 있는 후배가 동석을 했다. 친구가 시켜준 삼계탕을 맛있게 먹다가 문득 무슨 일인가 싶어 친구에게 물었다. 친구가 말문을 열었다.

"내가 오늘 백일이네."

뜬금없이 백일이라니, 친구가 이어서 말을 했다.

"그동안 찬우 친구가 도시에 살다가 고향에 와서 어르신들 모시고 힘들게 있는데, 박봉으로는 친구를 도울 길이 없어 내가 가족들 모아 놓고 결단을 했다네."

나를 한 번 쳐다보더니 말을 이어나갔다.

"나 혼자 결단을 하면 작심삼일이 될 것 같아서 이번에는 아내와 아들 두 명 앞에서 큰 돼지 저금통 사다 놓고 단단히 결단을 했네. 담배를 끊어서 담배 살 돈을 돼지 저금통에 넣기로 마음먹고 행동으로 옮긴 지 오늘 100일 되는 날이라네."

당시에 담뱃값은 2,500원이었다. 친구의 말을 들어보니 매일 2,500원씩 넣었고 특별한 날, 생일, 좋은 일이 있는 날은 만 원을 넣고 오늘 돼지를 잡았는데 그 값이 쌀 10가마니 살 돈이 나왔다고 하는 것이다. 친구강 사장과 후배에게도 자신이 살아온 길을 함께 가보자고 권하기까지 했다.

그렇게 쌀 10가마니를 폐차 직전의 트럭에다 싣고 돌아오는 길에 가슴이 뭉클했다. 어르신들의 양식인 쌀을 싣고 우리 복지시설이 있는 봉강 계곡을 향하여 오는 내내 행복하고 또 행복했다. 그 순간을 지금도 잊을 수가 없다. 행복은 거창하고 큰 것에서 발현되는 것이 아니라 지극히 작은 행동의 실천에서 이렇게 큰 기쁨을 주었다.

당시에 주변의 도움이란 아무것도 없는 시절이라 쌀도 귀하지만 친구의 애틋하고 감동이 있는 행동에 나는 정말 행복했고 그런 친구가 내 곁에 있다는 것이 감사했다. 내 몸의 엔도르핀이 얼마나 나왔는지 얼굴에 웃음꽃, 함박꽃이 활짝 피어 내가 앞으로 어떻게 살아가야 할지도 정답을 찾는 소중한 계기가 되었다.

그렇게 십여 년이 지난 지금도 그 친구는 담배 끊은 돈으로 지역아동센터와 장애인, 노인들 그리고 소외되고 아파하는 이웃을 위해 말없이 봉사하고 있다. 이런 친구들의 도움에 힘입어 나는 지금도 행복을 채굴하는 행복 발전소임을 자인한다.

그때 아버지께서 출생의 비밀을 숨기셨다면 나는 지금 나의 길을 제대로 찾지 못하고 생계형 일자리를 위해 살아갔을 것이다. 그렇지만 아버지의 결단과 아들을 얻기 위한 힘씀이 결국 내 존재의 목적과 삶의 의미를 발견하게 되고 결과적으로 정체성을 찾게 되었다.

24년 넘게 이 일을 하면서 수많은 어려움과 환란과 눈물과 고통의 긴 터널 속에서도 견딜 수 있는 것은 하나님의 부르심의 확실한 소명 의식이 있었고, 창대할 것이라는 확신 때문이다.

국밥 한 그릇과 연탄 한 트럭

국가는 고령사회에 어르신들을 모시기 위해 전문 인력을 양성하는데, 국가의 한정된 재정으로 이 일을 준비할 수가 없어, 민간 교육원을 허가하여 양성하도록 새로운 법과 제도를 만들었다. 그것을 이름하여 요양보호사 교육원이라고 하는데 내가 그 교육원에 전임강사로 활동을 하던 때의 이야기이다. 한때 국가자격을 이론 80, 실기 80, 실습 80시간만 이수하면 무시험으로 1급 자격을 발급한다는 말에 너 나 할 것 없이 국가자격에 도전하여 교육생이 전국적으로 넘쳐날 때가 있었다.

그중에도 본인이 배워 내 부모를 모실 수 있고(가족 요양제도), 노인장기요양보험에서 작지만 지원해 준다고 하니 일석이조라 생각해서 교육에 참여한 사람도 있고, 노년기 새로운 생계형 일자리를 얻기 위해 교육에 참여하기도 했다.

다양한 교육생들을 만나고 배출하면서 다양한 인맥을 구성하고 그중에서 강의를 재미있고 이해가 잘 되도록 가르쳐 준다면서 작은 금액이라도 꾸준히 후원하고 싶다면서 내가 운영하는 양로원에 기부를 하는 교육생 후원자도 생겨났다.

원래 강의라는 것은 대상자가 누구이며, 학력 정도와 연령층을 고려해서 무엇을 가르쳐야 하는지 분명한 학습 자료가 교과서로 나온다. 그것을 지식적으로 가르치고 경험했던 것을 아주 자세하게 설명하여 현장에서 부모들을 모시기에 부족함이 없도록 교육하는 것이다. 요양보호사는 다른 사람도 아니고 우리의 부모 세대의 불가능한 일상생활을 지원하는 전문가이다.

그렇다면 도움을 드릴 우리 부모 세대는 누구인가?

태어나고 보니 일제강점기, 한국전쟁, 보릿고개를 경험한 세대로 자식을 위해 조합에서 빚을 내고, 오직 자식위해 일생을 살아왔으며, 자신들보다는 자식들을 위한 삶으로 점철된 삶, 자식이 노후대책이라는 생각을 하면서 살았던 세대이다.

매슬로는 인간 욕구 5계설을 이야기하는데 우리 부모 세대는 인간의 기본 욕구인 생리적 욕구 즉 먹고사는 문제에 치중하다가 일생이 다 가버린 세대이다. 자신들을 위해 안전의 욕구, 애정과 소속의 욕구, 존경의 욕구, 자아실현의 욕구는 더더구나 없던 오로지 자식들 입에 풀칠하기 위해 일생을 살았던 세대이다. 요즘 자식들이 여유가 있어서 정기적으로 용돈을 드려도 그것을 모았다가 못 사는 자식 챙긴다고 돈 몇 푼 써보지도 못한 우리의 부모 세대이다.

교육 중에 담배를 끊어 쌀 10가마를 사 준 이야기를 하게 되었다. 교육생 중에서 국밥집을 운영하시는 분이 계셨는데 그분도 감동이 되었다면서 흉내라도 내겠다고 하셨다. 그분은 내 강의를 듣고 당장 다음 날부터 실행에 옮긴 모양이다. 매일 국밥을 파는데 첫 손님 국밥값을 돼지 저금통에 모아 좋은 일에 기부하겠다는 생각을 한 것이다.

요즘은 국밥도 최소 6, 7천 원 하지만 그때는 5천 원 할 때이다. 매일 고기를 손질해서 삶고, 기름을 걷어내고, 냄새를 없애고, 여름에는 불 옆에서 고된 노동을 통해서 얻는 결과물로 매일 첫 손님 국밥값 5천 원을 기부하기란 쉬운 일이 아니다. 이른 아침부터 저녁 늦게까지 서서 일한다는 노동 현장에, 바람이 산들산들 불어주는 가을은 그 나름 할만하지만 여름엔 불 앞에서 내장을 삶고, 뼈 국물을 우려내어 국밥을 끓여 낸다는 것이 쉬운 것이 아니다.

그런 귀한 생명과 같은 돈을 모았는데 첫 번째는 '도선생'에 의해 분실했지만 아랑곳하지 않고 재시도하여 이번에는 냅킨 다 쓰고 남은 통에 첫 손님 국밥 값을 넣어 100일이 되었다. 100일이 되던 날 나에게 전화를 해서 갔더니 정성 어린 국밥 한 그릇을 가지고 나오더니 그간의 사연을 이야기하신 것이다.

그 사장님은 국밥값을 100일 동안 모은 돈에 자기가 조금 보태서 100만 원이라는 큰 목돈을 기부해 주셨다. 당시 내가 운영하고 있던 시설은 난방을 연탄으로 했는데 그 돈으로 연탄을 구입했다. 연탄이 큰 트럭으로 한 차다. 한 해 겨울을 나게 하는 연료였다. 연탄의 열 만큼이나 뜨거운 가슴과 이웃사랑을 실천하는 보람된 마음을 가지고 몇 차례 연탄을 사 주셨다. 그해 겨울은 유난히 따뜻했다.

사회복지사의 날

우리 주변에는 동기부여가 없고, 어떻게 기부를 해야 하는지를 몰라서 돕지 못하고 살아가는 사람들이 많음을 알게 되었다. 이러한 따뜻한 마음을 알기에 내가 광양시 사회복지사협회 회장으로 2년을 섬기게 될 때다.

현장에서 일하는 복지사들이 월급이 높지 못하기 때문에 열정과 사명감을 갖고 사회복지를 공부하고 현장에 오지만 노력하고 일한 만큼 보상이 뒤따르지 못하여 열정과 가치를 가지고 일하던 젊은 복지사들이 이직을 많이 하는 것을 보면서 광양시 사회복지사를 대상으로 대상 1명, 은상 2명, 장려상 1명을 추점하여 시상과 함께 상금을 주고 싶었다.

나는 국밥집 사장님을 찾아뵙고 광양시에서 복지사들이 이렇게 땀 흘려 일하는데 제도를 만들어 시상하고 싶다. 시상과 함께 상금을 주어 사기를 진작하고 싶다. 어떻게 생각하느냐 제안했더니 국밥집 사장님은 좋은 일에 기부할 사장님이 있으니 혼자 보다 두 명이 하면 더 힘이 되겠다면서 다른 사장님을 소개하겠다고 했다.

얼마 지나서 전화가 왔다. 국밥집 사장님과 그 소개받은 사장님을 만나 뵈니 그분도 소득의 일부분을 의미 있는 일에 쓰고 싶다고 하셨다. 사회복지 대상의 의미를 설명하였더니 좋다고 하시고 1년에 150만 원씩 3년간 해주시기로 하셨다. 국밥집 사장님까지 더하니 1년에 300만 원이 되었다. 두 분의 사장님이 기분 좋게 협약서도 써주셨다.

이러한 작은 나눔이 의미 있는 일을 하게 되었고 그 해 연말에 우수 사회복지 대상 1명과 은상 2명, 장려상은 공무원들 중에 한 명을 민간 사회복지사들이 뽑아 기부자가 직접 사회복지사의 밤 행사 때 전달하기로 했다. 내가 회장을 하면서 사회복지사를 격려하고 위로하는 참으로 의미 있는 행사를 한 것으로 오랫동안 기억에 남는다. 이런 것이 사회복지현장에서 잔잔한 감동이 되어 힘든 감정노동 현장에서 견디어 낼 수 있는 원동력이 되고 있다. 행복이 멀리 있는 것이 아니라 늘 내 곁에 있는데 그것을 모른 체 멀리서 행복을 늘 찾으려 한다.

사회복지사가 되는 길

미래에는 '메타버스'가 현실이 되는 세상이 오고 있다. 가상세계가 현실 세계처럼 우리 곁에 다가오고 있다. 이로 인해서 없어질 직업들과 여기저기 미래를 예측하는 책들에서 디지털 세상이 와도 사회복지사 내지는 사회복지 영역인 휴먼서비스 직업들은 여전히 유지될 것이라고 예측했다.

그렇다면 사회복지사가 되기 위해서는 어떤 과정이 있으며 어떻게 준비해야 하는가? 현재 사회복지사가 되는 길은 여러 가지의 길이 있다. 가장 쉬운 방법은 대학을 졸업하고 온라인 사이버대학이나 각종 온라인 평생교육원에서 다양하게 안내되고 있다.

또 다른 방법으로는 오프라인 과정으로 2년제 대학이나 4년제 대학, 내지는 대학원 과정의 사회복지학과에 진학하면 된다. 물론 4년제 대학에서 공부하면서 부전공으로 사회복지 과목을 듣게 되면 이 또한 사회복지사 자격증을 취득하게 된다. 그러나 온라인이든, 오프라인이든, 부전공이나 대학원 과정에서 공부를 하게 되든, 모든 게 동일하게 적용되는 것은 반드시 현장실습을 하여야 2급 사회복지사 자격을 무시험으로 취득할 수 있다.

온라인 과정은 최대 80학점을 이수, 실습 1 포함 이수하는 데 1년 6개월 정도 소요된다. 오프라인 과정은 정식 학위과정 속에서 2년제, 4년제), 대학원 2년 학습 과정을 마쳐야 되는 것이다. 최근 들어 실습이 40시간 늘어서 실습만 160시간을 현장실습하도록 법이 개정되었다. 2년제 대학이나, 학점은행 80학점, 4년제 160학점을 이수하는 중에 실습에 임하면 된다.

사회복지사가 자격은 1급, 2급으로 나눠지는데 2급은 전자에서 밝힌 대로 사회복지사 기본 과목 이수하고 실습을 마치면 온라인, 평생교육원(학점은행 포함), 2년제 대학, 4년제 대학, 대학원 과정 어느 한 과정 마치면 동일하게 2급이 주어지고, 1급은 국가시험(국시)에 응시하여 합격을 해야 1급을 받을 수 있다. 물론 이 또한 아무나 응시 자격이 주어지는 것은 아니고 1급에 응시하려면 2급 취득 후 1년 이상 현장 경험이나 4년제 대학을 졸업하거나 대학원을 나온 사람들에 한하여 응시 자격을 주고 있다.

사회복지사 자격과정은 갈수록 어려워지는 추세이다. 다만 복지수요 증가와 복지비(100조 원) 지출 증가로 사회복지사를 필요로 하는 사회복지현장이 갈수록 늘어나고 있다.

그렇다면 사회복지사가 하는 일과 하는 영역은 어디이며, 무슨 일을 하는지 살펴보고자 한다.

사회복지 영역은 다양하다. 기본적으로 아동, 청소년, 여성, 장애인, 노인, 다문화, 건강가정, 학교, 병원, 대학, 군대, 각종 상담영역이나, 사회복지전담 공무원 등 다양한 곳에서 일할 수 있다.

보통 하는 업무는 근무지가 어느 곳이냐에 따라서 약간의 차이가 있는데 이용시설, 생활시설이냐에 따라 다르고 공무원이냐, 일반 복지사냐에 따라 그 업무는 매우 다양하지만 공무원의 경우 기초생활수급자나 사례관리 등으로 일반 민원인들을 돕는 일을 하고, 일반 복지사는 이용시설에 많이 근무하고 있는데 찾아오는 시민들에게 다양한 욕구를 충족시켜 줘야 하기에 주로 행정업무를 많이 보는데 기획, 자원봉사자 관리, 지역사회 자원 연계를 위한 프로그램 개발, 진행 등 사무업무와 함께 다양한 사람을 만나면서 업무를 한다.

생활시설 복지사의 업무는 주로 사무실에서 업무를 부여받은 대로 사무, 행정업무를 많이 보는 동시에 현장에서 고객을 만나서 휴먼서비스를 해야 한다. 특히 공문서 수발, 회계, 기획, 인사관리, 자원봉사자 관리, 고객 상담 등의 일을 하고 있다.

사회복지사는 일반 시민들이 인식하는 대로 주로 봉사심이 강한 집단과 사람들로 구성되어 있다. 어떤 조직보다 사회복지사 영역은 희생과 봉사 정신이 투철해야 하고, 어떤 상황 속에서도 대처할 수 있는 다재다능한 인재를 현장에서는 요구하고 있다.

그렇다고 처우가 좋은 것은 아니다. 다만 보람과 가치에 의미 부여를 하고 일하는 집단이 사회복지사 그룹이다. 다행히 우리나라가 복지국가 대열에 부상하면서 과거 사회복지현장에서 일하는 집단에게 강하게 강조한 것이 봉사정신이라면 이제는 봉사에 합당한 처우개선이 뒤따라야 한다는 인식하에 점점 처우가 좋아지고 있다.

통상 사회복지현장에서 10년 넘게 근무하게 되면 공무원 80% 수준의 급여를 받게 되는 구조로 가고 있다. 어느 정도 경륜과 경험이 있다면 대우받을 수 있는 것이 사회복지사들이라고 할 수 있다. 어떤 직업이든 즐기는 자만이 오래오래 근무하면서 보람과 자기 직업에 긍지와 자부심을 갖는 것이라고 본다. 사회복지 영역에 관심이 있다면 생계형 일자리도 필요하지만 이 영역이 좋고 하고 싶은 일이 되어야 하고 사람을 좋아해야 한다.

어른들의 새로운 삶의 터전, 요양원

지극히 작은 하나에게 한 것이 곧 내게 한 것이라

한참 농사일을 하고 있는데 구서 마을 이장님이 전화를 하셨다. 이장님의 전화 내용은 다름이 아니라 동네 어르신 이야기였다.

아들하고 아버지가 살고 있는데 아들이 회사에서 늦게 들어오고 어느 때는 집에도 안 들어와서 어르신이 제때 식사도 못하고 밖에도 안 나오고 방치되고 있는 것 같으니 황 원장이 그 집에 한번 방문해 달라는 것이다.

나는 이곳이 고향이 아니다. 광양이지만 면 소재지가 다르다. 그래서 여기 분들을 제대로 모른다. 지역사회와 관계도 하고 마을마다 찾아다니면서 인사도 드리고 해야 하지만 알면서도 그럴 시간적 여유가 없었다.

누구의 도움도 없이 겨우 농사를 지어 운영하기 바빴던 시절이라 시설 내에 있는 어르신들을 돌보기에 급급했다. 그래서 이장님과 만난 일도 없다. 그런데 어떻게 전화를 알고 했을까 생각해 봤더니 청년회에서 전화번호부를 정기적으로 만드는데 우리 직원이 전화번호를 알려줘서 수록이 되었던 것이다. 이장님은 그 전화번호부 책을 보고 내게 전화를 한 것이다.

이장님의 전화를 받고 점심시간을 이용하여 어르신 댁을 방문했다. 어르신의 집은 어르신의 명의의 집이고 외관은 새집으로 좋아 보였다. 노크를 해도 집안에는 아무도 없는지 기척이 없었다. 어르신을 불러도 대답이 없어 현관문을 열고 들어갔다.

어르신이 계실 만한 큰방을 열어 보니 엉망진창이었다. 매캐한 냄새는 물론이고 어르신은 기력이 없는지 말씀조차 하지 못하고 이불이며, 입고 있던 옷은 변으로 범벅이 되어 있었다. 그야말로 방치되어 있었다. 아직도 이런 집이 있나 싶을 정도였다. 식사를 안 해서 기력이 없으신 것이고, 기력이 없다 보니 몸을 움직이지도 못 하고 누워만 계신 것이었다.

때는 늦은 가을이라 밤으로 늘 쌀쌀한 산골이다. 아무래도 빨리 씻어서 우리 양로원으로 모셔야겠다는 생각에 따뜻한 물을 데워서 목욕을 시키려고 보일러를 켰는데, 이상한 소리만 나고 작동을 하지 않는다. 보일러실로 가 보니 기름이 없었다. 얼른 농협 주요소로 가서 기름 반 말을 사서 기름통에 채우고 보일러를 켰지만 이상하게도 보일러가 작동되지 않았다. 부릉부릉 소리만 요란하고 켜질 듯하다 멈추기를 반복한다.

보일러 서비스센터로 전화를 해서 상황 설명을 했더니 에어가 차서 그럴 수도 있다고 시키는 대로 해보라고 한다. 난생처음으로 보일러 에어를 빼 보았다. 그제야 보일러가 작동하여 따뜻한 물이 나오는 것이다. 어르신이 체격이 있고 기력이 없어 거동을 못하셔서 이불 채를 끌어당겨 겨우 화장실 세면대까지 모셨다.

옷을 벗기는데 변이 이곳저곳에 다 묻어 있어 후각을 자극하니 구역질이 나고 견딜 수 없는 지경에 이르렀다. 문득 성경 말씀이 떠올랐다.

"지극히 작은 것 하나에게 한 것이 곧 내게 한 것이라."

용기가 생겼다. 어르신 옷을 한 겹 한 겹 힘들게 벗기고 따뜻한 물로 머리에서 발까지 깨끗이 씻겨드리고 거실로 겨우 모시고 나왔다. 깨끗한 옷을 찾아 입히려고 했더니 세탁된 옷도 찾기가 어려워서 일단은 냄새가 나지 않는 옷을 찾아 입혀드렸다.

그제야 어르신이 말문을 여시면서 어디서 왔느냐고 하신다. 동네 이장님의 전화를 받고 온 마시 마을에 위치한 양로원 원장이라고 말씀드렸더니 고맙다고 하셨다. 혼자 힘으로는 거동 불편한 어르신을 모실 수 없어서 이장님께 전화를 드렸더니 흔쾌히 도와주신다고 했다. 이장님과 함께 내 트럭으로 어르신을 모시고 양로원으로 돌아왔다. 그리고 식사 대접을 하고 기저귀를 채우고 돌봐 드렸다. 그랬더니 서서히 기력을 찾아 조금씩 거동을 하기 시작하여 몇 개월 만에 완전히 기력을 회복하여 화장실도 혼자 가시면서 기저귀도 차지 않고 독립된 생활이 가능해졌다. 양로원에서 매주 금요일에 함께 떠나는 대중목욕탕에도 가시고 외식도 함께 하는 등 행복한 일상을 보내셨다.

이제 댁으로 돌아가셔야 하지 않겠냐고 했더니 어르신이 가고 싶지 않다면서 자신의 이야기를 털어놓는다. 할머니가 돌아가시고 막내아들과 함께 살았다. 아들이 직장을 다니는데 어르신을 돌보지 못해 드린 것이었다. 밥도 제대로 해드리지 못하고 친구 집에 자는지 집에 안 들어올 때도 많아지면서 굶기를 밥 먹듯이 했단다. 점점 기력이 쇠해져서 움직이지 못하고 대소변을 옷에다 볼 수밖에 없었다는 것이다.

할머니가 계실 때는 실수하면 깨끗하게 씻어주고 잘은 못 먹어도 세끼 밥은 굶지 않고 먹었는데 할머니가 병들어 세상을 뜨고는 돌봄을 받지 못했다는 것이다. 복지국가를 지향하는데도 정보가 없어서 앞서가는 정책을 따라오지 못하는 복지사각지대가 있다는 것을 알게 되었다.

정부는 '송파 세 모녀 사건'을 계기로 지역사회보장협의체를 읍, 면, 동으로 확대하여 실시하고 있다. 그뿐만 아니라 젊은 세대들이 병든 어르신, 병든 부모 세대를 제대로 이해하지 못하여 방치한다. 주변의 도움을 구하지도 않고 학대하는 경향이 우리 주변과 매스컴을 통하여 흘러나올 때마다 충격적이었던터라 어르신들을 대충 대할 수 없었다.

이후 어르신은 행복한 시간을 보내다가 우리 집에서 7년 넘게 계시다가 노환으로 하늘나라로 가셨다. 가시기까지 집에서 받지 못하는 각종 서비스를 받으며 행복한 시간을 보내고 다양한 프로그램을 할 수 있었다. 이런 일들이 바로 내가 이 일을 하는 이유이기도 하다.

　강의를 마치고 운전 중에 전화 한 통화를 받았다. 나의 중학교 동창생의 전화이다. 내 친구 강 사장은 지역사회에서 비즈니스를 통해서 사업도 잘하고 다양한 활동도 많이 하는 친구이다. 신앙생활도 함께 하고 있는데 코로나 이전부터 교회에서 보이지 않았다. 어찌 된 일인지 물었더니 아내 따라 절에 간다는 말을 했다. 아내가 교회 적응을 하지 못해서 가정의 화목을 위해 절로 갔다는 것이다. 안부를 묻고 무슨 일로 전화했는지 물었다. 자초지종을 들어보니 장모님을 봐달라는 것이었다.

　통상 정부 보조가 없는 개인 양로원은 전국 어디에서나 오실 수 있지만, 요양원은 노인성 질환으로 일상생활이 불가능하여(치매 포함) 건강보험공단 노인 장기 요양센터로부터 시설 등급을 받아야 입소하여 서비스를 받는 구조이다. 이런 사정을 말했더니 등급을 받았다는 것이다.

　치매 등급이라는 것이다.

　갑자기 자리를 마련할 수 없어서 일시적으로 자리가 생길 때까지 양로원에서 돌봐 드리기로 했다. 90세에 가까운 분이 그동안 혼자 완도 시골 집에서 농사를 지으며 혼자 잘 계셨다고 한다. 해마다 농사를 지어 참기름과 고구마, 옥수수, 마늘, 김치 등을 해서 택배로 보내기까지 하며 잘 계셨다고 하신다. 그렇게 건강하신 분이 어쩌다 치매가 왔을까.

　어느 날 동네 사람이 보니까 밭에서 일을 하시다가 이상한 소리를 하고, 집도 제대로 찾지 못했다고 했다. 식사 때를 구분하지 못하니 마을 사람들이 자식들에게 연락을 해서 상담을 하고 양로원이라도 모셔야겠다고 막내딸이 이야기를 한다.

　가족과 시간을 좀 보내면 좋으련만 모두 다 직장 생활을 하기 때문에 어머니만 홀로 집에 계시게 할 수 없어서 시설로 모신다고 했다. 친구의 부탁이고 해서 양로원에 자리를 마련하고 모셨다. 오시는 날 처음 뵙는 분이고 해서 반가운 마음에 예의를 갖추어 인사를 드렸다.

　완도 어머니는 느닷없이 의자에 앉아있다가 나를 향해서 욕을 하면서 손사래를 치는 바람에 아무런 방어 없이 있다가 내 안경은 멀리 떨어지고, 시골 어른들이 하시는 욕을 듬뿍 얻어먹었다.

친구와 딸이 원장이라고 말해도 막무가내였다. 그날 이후 이 어르신은 양로원 3인 1실에서 다른 어르신들과 함께 생활을 하시는데, 아무런 이유 없이 사람에게 심한 욕을 하시고, 행패를 부렸다. 밥상 던지는 것은 예사였다. 이런 경우는 흔치 않지만 가족도 우리도 그 이유를 몰랐다. 이런저런 다양한 방법으로 설득하고 달래도 안하무인이었다.

치매가 이렇게 몹쓸 질환임을 인식하여 지금 정부에서는 치매 국가 전담제를 실시하여 가족보다는 국가에서 약제비와 치매 어르신을 위한 치매 전담시설을 확충하여 돌봐 드리고 있는 추세다.

시간이 지나 다행히 요양원에 자리가 생겨 모시게 되었다. 양로원은 통상 일상생활이 가능하신 분들이 들어오신다. 일상생활이란 혼자 식사가 가능해야 하고, 화장실을 혼자 가실 수 있어야 하고, 옷도 혼자 입을 수 있어야 한다. 여러 가지 혼자 할 수 있어야 입소가 가능하지만 한두 가지가 불편해도 우리가 모시는 상황이다.

이렇게 일상생활이 가능하신 분들이 입소하여 서비스를 받는 곳이니, 직원 배치 기준도 낮다. 보통 입소 어르신 12.5명에 요양보호사 1명이 있어야 한다. 그러나 요양원은 다르다. 서두에서 언급한 대로 요양원은 일상생활이 불가능하신 분들이 입소하시기때문에 직원 배치 기준도 엄격하다. 어르신 2.5명당 1명의 요양보호사를 두도록 법적으로 되어있다. 한마디로 어린아이같이 밀착 관리해야 한다는 의미이다.

어르신이 양로원에서 요양원으로 오셨지만 욕하는 것은 여전하셔서 다른 인지능력이 있는 어르신들과 다투는 것은 다반사다. 많은 직원들이 목욕을 해드리려고 해도 꼬집고, 들어보지도 못한 욕설에 침까지 뱉는다. 어떻게 하면 어르신의 행동의 변화를 유도할 수 있을까 고민하다가 가장 기본적인 것으로 좀 더 친절하고 사랑스럽게 예의를 갖춰 대하는 방법밖에는 없었다.

보통 양로원, 요양원, 병원은 의사나 원장이 아침에 출근해서 밤새 불편함은 없는지 상태를 파악하기 위해 라운딩을 한다. 요양원 원장도 마찬가지이다. 밤새 건강하셨는지, 아침 식사는 잘하셨는지, 혈색은, 열은, 혈압은 어떤지 체크를 하는데 다른 어르신보다 그 어르신에게 먼저 가서 인사를 공손하게 인사를 하기로 맘먹고 소위 내가 개발한 '왕의 인사법'으로 인사를 했다. 맨 처음 그렇게 인사를 했더니 어르신의 반응은 이렇다.

"저 새끼가 돈 달라고 저렇게 한다."

그래도 나의 왕의 인사법은 멈추지 않았다. 한 달 가까이 최대한 예의를 갖춰 인사를 드렸다. 그리고 인사가 끝나면 '사랑합니다.'라고 마무리하고 다른 어르신에게 갔다.

그렇게 인사하기를 한 달이 지난 어느 날 아침, 나의 인사를 받더니 웃기 시작했다. 그리고 어떤 날은 온순한 양처럼 나를 대했다. 어르신의 웃는 모습을 자세히 보니 그렇게 예쁘고 밝은 천사의 모습이 저런 것이 아닐까 느낄 정도였다. 웃음을 보이며 서서히 변화하기 시작했다. 그렇게 욕설을 하고 행패를 부리신 그분이 나의 사랑에 감동하셨는지 변함없는 인사와 사랑의 말에 밝은 미소와 손을 내밀고 악수까지 요청을 하셨다.

밥을 드시는 중에도 내가 왕의 인사를 하면, 그전에는 밥을 뺏길세라 움켜쥐던 분이 자신이 먹던 밥을 수저에 담아 나보고 먹으라고 주기까지 하셨다.

참으로 놀라운 변화였다. 이런 변화된 사실을 친구와 그의 아내 그리고 멀리 있는 가족들과 끊임없이 공유하며 편안하게 계시는 어머니의 모습을 보여드렸다. 어머니는 영상 속에서 아무래도 치매라 그런지 엉뚱한 말을 하시기도 하신다.

지금은 욕은 안 하시고 왕의 인사를 드리면 천진난만한 미소로 답하시고 얼른 가서 밥 먹으라며 옛날 어머니들이 자식을 생각하는 정든 언어를 동원하여 나를 대해 주신다. 요즘은 아주 가까이 다가가서 인사를 하고 어머니 몸 앞으로 머리를 내밀면 이 잡아준다고 하면서 내 머리를 더듬더듬하시기도 한다. 어린 시절 어머니의 자상함을 완도 어머니에게 느낀다.

변함없는 사랑과 존경의 마음으로 왕의 인사만 해도 사람이 이렇게 바뀌는 것을 보면서 모든 어르신들에게 정중하게 아침 문안 인사를 하면 어떤 어르신은,

"왜 그렇게 절을 해요?"

하시면서도 받아 주신다.

치매 어르신, 인지능력은 있지만 거동을 못 하는 어르신, 와상 어르신 다양한 어르신들이 계시는데 매일 웃음꽃이 피는 곳이다. 마치 어린아이들이 재롱을 피우면 가족들이 둘러앉아 웃듯이 말이다. 이곳이 바로 요양원이다.

요양원에서의 보람과 행복

요양원에는 일상생활이 불가능 어르신들이 나이와 관계없이 65세 이상이면 등급을 받아 전국 어디나 입소가 가능하다. 우리 요양원은 홍보 없이 소문을 듣고 찾아오시는 분들이 많다.

그중 순천에서 형제들이 어머니를 모실 상황이 못 되어 의논하여 막내딸이 모시게 되었다. 긴 병에 효자 없다고 어머니가 체격은 크시고, 욕구는 강하셔서 막내딸이 그 욕구를 다 들어 드리기는 한계에 도달해 형제들과 의논하여 우리 요양원에 입소하셨다.

입소하신 어르신이 처음에는 직원들을 3분, 5분 간격으로 침대에 붙어 있는 벨을 눌러 호출을 하셨다. 원장 입장에서 오죽하면 그렇게 하시겠나 이해도 했지만 새벽 휴게시간 2~3시에 호출하면 사람이기 때문에 힘들기 마련이다. 그래도 직원들이 불평 없이 친절하게 요구를 모두 들어준다. 보통 일이 아니다. 본인 힘으로 어느 것 한 가진들 맘대로 못 하니 그렇게 직원들의 도움을 요청하기 위해 호출을 하신 것이다.

그런데도 직원들은 밝은 표정으로 언제나 나아가서 친근한 어투로,

"어디 불편하세요?"

"무엇을 도와드릴까요?"

하면서 친절하게 늘 대해 드렸다. 나는 시설을 운영하면서 요양보호사 선생님들이 천사라고 생각한다.

매일 대소변을 치우고, 깨끗이 닦아 드리고, 목욕해 드리고, 좋은 냄새 나는 것을 발라 드리고, 침대에 육중한 몸을 뉘어 드리고, 일광욕을 해 드리기 위해 휠체어에 앉혀 드리고, 식사 때는 조금이라도 더 드시게 하기 위해 다양한 방법으로 오랜 시간 식사를 떠 먹이시는 요양보호사 선생님들이 계시기에 요양원 운영이 가능하고, 불편한 어르신들의 인간의 존엄성이 유지되고 있다.

어느 해 대명절 설날이 되었다. 딸이 용돈을 드리니 그 돈으로 세배하는 직원들 모두에게 1만 원씩을 주신다. 원장에게는 봉투를 달라 해서 2만 원을 주셨다. 돈을 떠나서 그 마음이 얼마나 아름답고 귀한 것인가?

부모 세대는 단돈 1만 원도 큰돈이다. 그 돈을 주시면서 자주 불러서,

"미안해!"

하시면 직원들은 당연히 해야 할 일을 한 것이니 어르신들에게 건강하게 오래사시라며 덕담을 건넨다. 얼마나 정감 넘치고 듣기 좋은 말인가.

그 엄마의 그 딸이다. 딸은 엄마보다 더 대단하다. 엄마를 모셔봐서 엄마의 형편을 잘 알고 있는지라 직원들이 늘 고맙다고 하면서 어려운 형편에서도 모든 직원들을 위해 때마다 작은 선물을 준비해서 인사를 하신다.

올 추석에도 따님은 봉투를 준비해서 소중한 마음을 직원들에게 전달하며 지지하고 격려하신다. 지금까지 광양에서 17년을 여러 환경과 여건에 처하여진 어르신들을 모셔보았지만 이런 모녀는 보기 드물다.

이런 모습을 보노라면 얼마나 보람이 있고 행복한지 내 몸에 엔도르핀이 솟구침을 느낀다. 그렇게도 호출을 자주 하신 어르신이 이제는 그 좋았던 체력도, 고왔던 목소리도, 얼마 안 남은 잔존능력도 이제는 거의 소진되어 직원들이 5, 10분 간격으로 가서 체위를 변경해야 하는 상황이 되었다.

촛불이 켜져 불을 밝히다가 서서히 커져가듯, 정말 와상인데도 욕창 흔적 없이 지그시 눈을 감고 누워 계시거나 앞만 주시하다가 문안 인사를 하면, "하나님은 어찌 나를 안 데리고 가요? 내 친구들은 모두 저 앞산에다 가 있는데. 하나님이 나를 잊었나 봅니다." 하시면서 하나님께 데려가라고 기도를 하라고 하신다.

코로나가 창궐한 요즘도 딸은 방호복을 입고 어머니 좋아하시는 홍어와 산낙지를 먹기 좋게 준비해 가지고 와서는 어머니에게 정성껏 먹인다. 어머니는 큰절을 하며 딸과 함께 밝은 표정을 지어 보이신다. 엄마가 앙상하게 뼈만 있어도 잘해 주셔서 오래오래 사신다고 칭찬을 아끼지 않는다. 따님이 가면서 행복해하는 모습에 나도 덩달아 행복해짐은 어떤 현상일까.

사실 막내딸이 홍어, 낙지를 준비해서 오시면 그것을 드시고 원기가 회복되는 모습을 자주 본다. 옛날에 "소가 기력이 쇠하면 낙지를 먹이면 원기가 회복되었다."라는 말을 들은 적이 있다.

그렇게 힘들게 누워서 계셔도 잡숫고 싶은 음식과 보고 싶은 가족을 보니 더 얼굴이 밝아지고 건강이 유지되는 모습을 보면서 병들어 계시는 부모, 늙어 외롭게 시골집에서 홀로 살아가시는 부모님에게는 아들, 딸이 얼굴 한 번 목소리 한 번 들려드리는 것이 어떤 좋은 보약 한 첩보다 더 좋은 것이라는 것을 새삼 느끼곤 한다.

코로나로 어르신들이 점점 가족, 특히 자녀들을 보지 못하는 그 마음은 안타까움을 벗어나 슬픔이다. 어서 코로나가 종식되길 기도할 뿐이다.

그렇다고 모든 가족이 다 이처럼 부모님께 효를 다한다고 볼 수 없다. 어머니 모셔놓고 코로나 핑계로 발길을 끊는 분들도 있다. 그러나 우리는 오히려 그런 분들이 안쓰러워 더 손이 가고 간식 하나라도 더 챙겨드린다고 직원들이 말한다.

매일 깨끗이 목욕하고 백발 된 모습으로 깨끗한 옷을 입고 말없이 휠체어에 앉아 계시는 부모님들이 참 좋다. 젊은 우리를 보고 밝게 미소 지어주고, 찾아와서 고맙다고 하시는 모습만 봐도 행복하고 좋다.

요양보호사가 되기 위해서

김대중 정부가 들어서면서 저출산 고령화 일환으로 시작되었던 정책이 노무현 정부에서 법과 제도, 예산과 시범사업을 걸쳐 이명박 정부에서 열매를 거두게 된 정책이 노인장기요양보험 제도이다.

노인장기요양보험 제도는 65세 이상이 노인성 질환으로 누군가의 돌봄 없이는 일상생활을 할 수 없을 때 보험으로 혜택을 주는 제도이다.

현재는 근로능력 있는 19세 이상 60세 미만 지역가입자나, 직장가입자, 자영업자 모두에게 강제적으로 사회안전망 확보 차원에서 5대 보험(국민연금, 건강보험, 산재, 고용보험, 노인장기요양보험)을 징수하고 있다. 징수된 보험금으로 노인성 질환에 노출된, 돌봄이 필요한 어르신들을 그 비용으로 모시게 되는 사회적 효의 의미가 강하다.

요양보호사는 글자 그대로 장기간 일상생활이 불편하여 등급을 받은 65세 이상 어르신들에게 보호와 돌봄(care)을 통해서 어르신들의 삶이 가능하도록 도와드리는 직업이다.

과거에는 부모들이 병들거나 돌봄이 필요할 때는 배우자나 가족의 책임이 컸다. 그렇지만 우리 사회가 산업화되고 핵가족화되면서 노인 부양에 대한 사회적 책임과 국가책임이 강화되는 측면이 강하다.

요양보호사 자격 취득 과정은 다음과 같다. 우리 사회가 고령사회로 진입하면서 국가는 한정된 재원으로 노인문제를 해결할 수 없기 때문에 민간시장에 접근을 용이하게 하므로 일반 국민들이 요양보호사 교육원을 개설하고 시장에 필요한 교육생을 배출하여 노인문제를 해결해 보려는 시도가 있었다. 이것은 계획대로 잘 되어 민간시장에 교육원이 활성화되어 정한 규정대로 일정한 교육과 실습을 마치면 초창기는 무시험으로 국가 자격을 취득하게 하였다.

그러나 지금은 다수의 교육생이 몰리는 바람에 제도를 개정하여 일정한 교육을 받고 실습을 마친 사람에게 국시에 응시할 자격을 부여하는 것으로 제도가 바뀌었다. 바뀐 이후 이제는 꼭 필요한 사람들이 자격을 취득하기 위해 응시한다.

요양보호사 자격 취득을 하려면 지역 민간 요양보호사 교육원에 등록

하여 이론 80시간, 실기 80시간, 실습 80시간을 받고 1년에 3-4번 있는 시험에 응시하여 60점 이상 얻게 되면 합격하게 되고 도지사 명의의 요양보호사 1급 자격을 부여한다.

등록금은 교육원 자율에 맡겼기 때문에 50만 원에서 60만 원대, 대도시는 교육비가 약간 높다. 응시할 수 있는 사람은 나이나 성별의 구분 없이 누구나 응시할 수 있다.

다만, 대학에서 사회복지과를 졸업했거나, 대학에서 간호학을 전공했거나 간호조무사 자격증을 취득한 사람들은 이론과 실습에서 혜택이 있는데 총 42시간 정도 교육과 8시간 실습을 마치면 시험에 응시할 수 있다. 이유는 기본적인 이론과 실습을 학습했다고 감안하기 때문에 비용과 시간을 면제하고 있다.

사회복지사 자격을 취득할 경우에는 요양원 설립이나 재가센터, 주야간보호 센터 등을 설립할 수 있는 자격이 주어지고 각종 복지 관련 사업을 할 수 있는 기회가 주어진다.

요양보호사 자격취득 과정과 하시는 일

요양보호사는 국가가 인정하는 전문가로서 장애인이나 노인들을 육체적으로나 정서적으로 안전하게 모시는 일을 한다. 가정을 방문해서 직접 서비스를 하는 분들을 방문요양이라 하는데 집에서 주로 일상생활을 지원하는 일을 하고 상황에 따라 간단한 요리도 해 드리고 기본적으로 청소, 정리 정돈, 목욕, 병원, 약 구입과 시장 보는 일까지도 해 드린다. 요양보호사는 앞에서 밝힌 대로 일상생활이 어려워 등급을 받은 어르신들에게 일상생활 전반을 도와드리는 수발의 역할을 한다.

또 다른 분야는 시설이라 하는 요양원에서 근무를 하면서 식사수발, 목욕 등 일상생활이 가능하도록 돕는 일이다. 매일 반복적으로 행하는 일이라 근골격근 증후군이 발생할 수도 있어 세심한 자기관리가 필요한 직업이다.

또 다른 분야는 요즘 유행하고 있는 주야간보호 센터에서 일하는 것인데 낮시간에 어르신을 집에서 모셔와 센터에서 돌봐 드리는, 마치 어린이집과 비슷한 형태로 운영된다. 이곳을 이용할 수 있는 어르신은 3, 5등급 재가급여를 받은 어르신들이 이용하고 방문요양과 비슷한 전체 100%의 비용 중에서 자기부담금은 15% 정도 재정을 부담하면 낮 시간에 충분한 돌봄을 받을 수 있다. 이러한 복지 영역에서 활동하는 분들이 요양보호사님들이다.

자격만 취득하면 수요가 많아 취직이 용이하고, 가족 요양도 있는데 도서 벽지나 가족이 부모와 함께 살고 있으면서 요양보호사 자격을 가진 분이 있다면 비용은 낮지만 가족 요양으로 가족에게 수고비를 지불하는 의미의 가족 요양급여가 있다.

모든 것은 그 나름대로 아름다움을 갖고 있지만 모든 사람이 그 아름다움을 보는 것은 아니다.

-공자

이미지가 경쟁력이다

Image란, 사람이나 사물로부터 전달되는 잠재적 느낌과 모습으로 외모에서 받는 느낌이다. 외모는 타고나지만, 이미지는 만들어지는 것이다. 이미지는 내적 이미지(본질)와 외적 이미지(현상)로 나타난다. 내적 이미지는 성격, 기질, 감정, 성향, 신념, 가치, 관심사, 재능, 소질 등으로 주관적인 이미지와 내가 아닌 다른 사람이 느끼는 것으로 온화하다, 차분하다, 카리스마 등의 객관적인 것이다.

외적 이미지는 외모와 행동에서 나타나는 나를 말한다. 신장, 체중, 표정, 행동, 태도, 긍정적 언어의 표현, 듣기 자세, 감정 전달, 친밀한 관계 유지, 시선처리, 인사와 악수 예절 등이 이에 속한다.

이미지메이킹이란?

자신의 본질을 바탕으로 최상의 이미지를 이끌어내 면접 이미지를 메이킹 하는 것이다.

- 용모(Appearance) : 옷차림, 향기, 겉모습, 헤어 스타일, 체형, 키
- 언행(Speech) : 목소리, 매너, 자세, 말투, 제스처
- 표정(Expression) : 시선
- 태도(Attitude) : 태도
- 성품(Nature) : 매너

스피치란?

스피치란, 청중과 공감대를 형성하길 바라는 목적으로 자신의 의견을 조리 있게 말하는 것을 말한다. 스피치는 특정 목적을 달성하기 위한 글이므로 논리적이며 객관적으로 작성하는 것이 중요하다.

스피치에도 공식이 있다

- 주의 끌기 : 청중들을 나에게 집중시키면서
- 요점 : 짧고 긍정적인 단어로 확신을 심어주는 역할을 하고
- 사례 : 요점을 뒷받침해서 자신의 이야기를 하면 좀 더 편안하고
- 마무리 : 요점을 한 번 더 얘기하면서 발표에 대한 도장을 찍게 된다.

즉, 내 이야기를 듣고 싶다는 호기심을 발동시키는 것이다. 그래서 공감대를 형성할 수 있다. 결론을 먼저 이야기하고 그에 다른 근거를 제시해 주고, 다시 결론으로 마무리해 준다.

즉석 스피치

- 즉석 스피치의 가장 큰 특징은 신선함이다.
- 즉석 스피치는 스피커의 성품, 품격, 이미지를 한꺼번에 드러낸다.
- 누구나 스스로를 믿는 만큼 말하게 돼 있다.
- 즉석 스피치의 기본은 스스로를 믿는 것이다.
- 즉흥 연설 전, 후에 준비하지 못했음을 사과하지 마라.
- 단순히 최선을 다해라.

효과적인 의사전달을 위해서는 대중 앞에서 생각과 느낌을 분명하게 표현할 수 있어야 하며 그러기 위해서는 타인의 생각과 느낌을 귀 기울여야 한다. 의사소통은 우리들의 고유한 재능과 계발된 기술로 타인의 행복을 증진시키기 위해 사용하는 것이다.

옷에 배었습니다

김영임 cldrn1456@naver.com | blog.naver.com/cldrn1456

· 한국평생교육강사협회 협회장
· 하나교육개발원 대표
· The스마일타임즈 발행인
· 빛고을혁신학교학부모네트워크대표
· 웃음운동 지도사 1급 2급 자격증 과정 진행
· 저서 「스마트폰활용의 마지막1%의 꿀팁」, 「마음을 치유하는 놀이(유페이퍼)」

웃다 보니 정말로 웃을 일이 생긴다.

웃음은 행복을 불러오는 매력이 있다. 이 웃음은 마법 같은 매력이 있어 함께하는 사람들을 편안하게 하고 같이 있으면 계속 웃을 일이 생기게 한다.

웃으면 그냥 행복해져요. 웃으면 행복 바이러스가 마구 전해져요.

늘 살아있음에 감사하며 뜻하지 않은 일들이 나에게 다가와도 또 다른 일들을 할 수 있음에 웃을 수 있답니다.

오늘 저와 함께 웃어보실래요?

웃음행복 스타트업

오늘 저와 함께 웃어보실래요?

웃다 보면 정말로 웃을 일이 생긴다. 웃음은 행복을 불러오는 마법 같은 매력이 있어 함께 있는 사람들을 즐겁고 행복하게 한다.

어느 날 선생님 한 분이 내게 물어보셨다.

"강사님은 늘 웃으면서 즐거워 보이시는데 좋은 일들이 많으신가봐요?"

나는 한 치의 고민도 없이 말했다.

"지금 이 순간 함께 웃을 수 있어서 전 너무 감사하고 행복합니다."

숨 쉬는 것, 이야기를 나누는 것, 맑은 하늘을 바라보며 삶을 살아가는 것, 내가 가고 싶은 곳을 두 발로 걸어갈 수 있고, 세상만사 내 뜻대로 되지 않지만 그래도 생각하는 일들을 도전하면서 상상하고 만들어갈 수 있다는 것. 이 모든 것이 늘 감사하니 웃을 수 있고 웃다 보니 행복이 저절로 찾아 온다는 사실을 오래전부터 느끼고 있었다.

웃으면 그냥 행복해진다. 웃음은 사람에게 여유를 갖게 한다. 웃음은 사람들에게 긍정적인 생각을 하게 하고 어색한 관계를 풀어주고, 낯선 공간에서 불편한 공기를 사라지게 하는 마법 같다.

웃음치료사로 활동하면서 같은 공간에서 함께 일을 하고 있지만 일만 하는 사이로 서먹했던 동료들도 웃음 테라피, 스트레스 해소를 위한 교육시간에,

"옆 사람을 바라보고 미소를 지어보세요."

"짝꿍을 보고 함께 웃어보세요."

이 한 마디로 서로에게 갖고 있었던 경계심이 사라지고 그냥 친했던 사람처럼 웃음 바이러스를 함께 소유하게 된다.

이처럼 웃음은 밝고 긍정적인 에너지를 전해주어서 늘 '행복해져라' 하고 외치는 마법 같은 힘이 있다. 웃음테라피를 통해 스트레스가 많은 직장인들 그리고 일상을 살아가는 현대인들이 가끔은 나를 내려놓고 아무 생각 없이 웃어보길 바란다.

중국 속담에 '웃지 않는 사람은 장사를 하지 말라'는 말이 있다. 웃음은 사람을 끌어들이는 강력한 매력이 있는 무기이다.

오늘, 저와 함께 웃어보실래요?
으하하하하하!!

웃음은 행복항체 ·············

웃음은 사람 마음의 표정이나 변화를 소리로 나타내는 표현방식이다. 사람 사이를 가장 가깝게 만드는 정서적 표현이며 사람들에게 즐거움과 행복한 감정의 결과물을 전달해 주는 의사소통의 수단이 되기도 한다.

미소와 유머의 자연스러운 반응으로 다양한 얼굴 표정과 소리 그리고 손과 발 신체를 활용하여 웃음을 유발하는 행복 바이러스다.

이런 웃음은 명사로 개념화되어 있지 않고, 동사 '웃다'의 명사형으로 '웃음'으로 정상적인 웃음을 통칭하여 말한다. 고대 밀레투스는 웃음의 어원이 헬레(hele)이며, 그 의미로는 건강(health)과 행복(happy)이라는 뜻으로 확장되었다고 언급하면서 웃음과 건강이 밀접한 관계가 있다고 말했다.

웃음은 사람을 끌어당기는 신비한 힘을 가지고 있다. 웃음은 내 안에 잠재되어 있는 감정들을 살아나게 하고, 웃다 보면 자연스럽게 마음이 평안해진다. 우울했던 마음도 사라지면서 고민도 잊게 한다. 나만 즐거운 것이 아니라 주위 사람들에게도 웃음을 전파한다.

이런 매력을 가진 웃음은 낯선 사람과 만남에서 경계심을 풀어주는 솜사탕 같은 능력을 가지고 있어, 가끔 웃고 있는 사람 옆에 있으면 자연스럽게 미소가 지어지면서 사람들과 편안한 관계를 이어주기도 한다.

웃음은 사람들의 굳어진 마음을 녹여 자신감 넘치는 담대한 사람으로 변화하는 에너지가 있다. 어떤 일을 진행함에 있어 사람들의 마음을 긍정적으로 이끌어내는 힘이 나를 성공으로 이끌기도 한다.

이렇듯 웃음은 돈이 전혀 들지 않는 '행복 항체'를 생성하여 웃기만 해도 행복해지는 것을 느낄 수가 있다.

'웃어도 하루, 짜증 내도 하루.'

'어차피 우리에게 주어진 똑같은 하루.'

이 하루를 어떻게 보내려고 마음먹느냐에 따라 우리의 시간이 달라질 수 있다. 나도 웃지 않아 자꾸 웃어야겠다는 생각을 하고 매일 거울을 보면서 웃는 연습을 했던 기억이 있다.

너무 웃다 보니 선생님께 "너 지금 내가 이야기하는데 웃고 있냐?" 하면서 더 호되게 야단맞은 적도 있다.

이처럼 웃음은 행복해서 웃는 것이 아니라 웃다 보니 행복해지고, 웃다 보니 자연스럽게 연습이 되어 웃을 일이 생기는 것 같다.

'웃음' 없는 세상을 상상해 보세요

'웃음' 없는 세상을 상상해 보세요. 생각만 해도 힘드시지요?

웃음은 그런 것이다. 만나기만 해도 생각만 해도 기분 좋아지는 사람들이 있다. 그들의 공통된 모습은 활짝 웃고, 반가운 표정을 짓는 사람들이다.

많이 웃으려면 웃는 사람과 함께 하라. 특별한 웃음은 바이러스처럼 강한 전염성을 가지고 주변에 급속도로 전파된다. 미소는 지으면 지을수록 웃을 일이 자주 만들어지는 매력이 있다.

이제 매일 아침에 일어나 거울을 보면서 가장 행복한 미소를 지어보고 나를 만나는 모든 사람들에게 '최고의 웃음'을 선물해 줄 수 있는 '나'로 변해 보자.

하마다 게이코 님의 그림책 「웃음꽃」에 나오는 이야기 중 주인공이 형과 눈싸움을 하는 장면이 있다. 그런데 주인공은 매번 형과의 눈싸움에서 졌다. "왜 나는 맨날 질까? 어떻게 하면 이길 수 있을까?" 이기는 방법을 생각하던 중 '맨날 내가 먼저 웃어서 졌구나' 하는 생각을 하고 앞으로 형과의 눈싸움에서 이기기 위해서 웃지 않는 얼굴로 게임을 해야겠다고 생각했다.

　그리고 스스로에게 약속하고, 자신에게 최면을 걸어 웃지 않고 형을 이겼다. 게임은 이겼지만 '안 웃는 얼굴'로 하루를 보내고 난 뒤 뒤늦게 깨달았다. 얼마나 주변 사람들을 불편하게 하고 어색하게 하는지…. 그리고 잠자리에 들기 전 '내일은 웃는다, 꼭 웃는다.' 하고 다짐했다.

　웃지 않는 얼굴이 나도 힘들게 하지만 나의 옆 사람들에게 걱정 근심을 더해 준다는 것을 깨닫는, '웃음꽃'이 얼마나 아름다운지 알려주는 동화이다.

　코로나19로 힘들고 지친 모두에게 전염력이 강한 웃음 바이러스를 전해보면 어떨까? 웃음이 없는 세상, 웃지 않는 사람, 웃음이 없는 아이들, 표정이 없는 사람들, 생각만 해도 너무 끔찍하다.

　몸의 체질이 바뀌는 데는 6개월,
　입맛이 바뀌는 데는 2주,
　웃음이 자연스러워지는 데는 최소 4주.

　자연스럽게 웃는 데도 시간과 연습이 필요하다.
　웃음이 없는 세상, 상상해 보니 웃어야겠지요?

왜 우리는 웃어야 할까?

　미소와 찡그린 얼굴, 웃음과 절망, 함박웃음과 침울, 박장대소와 무표정, 배시시 웃는 웃음과 무시하는 표정, 그리고 웃고 사는 사람들과 웃지 않는 사람들, 현실 속 사람들은 각기 다른 표정으로 하루하루를 살아간다.

　우리에게 주어진 하루!
　인생에 있어 딱 오늘!
　반복되지 않는 하루!
　오늘과 똑같은 하루는 다시 오지 않는 시간이다. 그런데 우리는 매일 매일 내게 오는 이 하루가 '나에게 선물처럼 올 것이다.'라고 생각하면서 살아간다.

코로나19로 사람들은 마스크 속에 얼굴을 가리고 있다. 자신의 표정도 감정도 감추며 살아가고 있다. 내 표정이 보이지 않으니 상대에게 나의 마음을 들키지 않아 좋을 때도 있다.

우리는 사람들의 표정을 보고 어떤 일들을 짐작하곤 했다. 상대방이 웃고 있다면 '좋은 일이 있나 보네.' 생각하고, 얼굴 표정이 어두우면 '고민이 있을까' 짐작하곤 한다. 그런데 지금은 마스크 속에 표정들이 가려 있어서 울고 있는지 웃고 있는지 알 수가 없다. 코로나19로 마스크 속 얼굴 표정과 마음을 읽기 어려워 사람들과의 관계도 더 힘들어지고 있다.

하지만 마스크 속에서도 웃는 표정은 읽을 수 있다. 바로 웃음에너지다. 웃는 표정 즐거운 표정은 마스크 밖으로도 전달된다.

실제로 외국인들이 한국인들의 얼굴 표정을 보고 '한국에 무슨 안 좋은 일이 있나?' 하고 생각한다. 사람들의 표정에서 무뚝뚝하고 화난 듯한 인상을 하고 다닌다는 것이다. 특히 외국인과 눈이라도 마주치면 투명 인간이라도 대하듯 시선을 돌려 버린다. 혹시나 내 얘기를 하나 뜨끔하실 수도 있겠다.

웃음은 사람의 마음을 평온하게 하고 주변 사람들에게도 전파되어 그 효과가 33배나 된다.

잘 웃는 사람, 미소가 아름다운 사람은 스스로 행복하다고 여긴다. 억지로라도 웃고 긍정적인 맘을 가지면 정신도 건강해진다. 건강하게 살다 보니 자연스럽게 웃게 되고 웃다 보니 행복해진다. 웃는 연습 역시 진짜 웃는 것과 같은 효과를 가져온다. 웃음은 보약이다. 이 공짜 보약을 먹고 나도 건강해지고 내 주변도 건강해지는 매일 행복한 웃음을 전달하는 웃음전도사가 되어보자.

여러분은 얼마나 웃고 계신가요? ·················

우리는 하루를 살면서 몇 번이나 웃을까? 사람이 지니고 있는 가장 멋진 본능은 웃음이다. 신이 창조한 창조물 중 유일하게 웃을 수 있는 표정을 지닌 것이 바로 사람이다. 웃을 수 있는 표정을 가진 사람들, 사람들은 하루하루 살면서 자신이 웃는 것을 세어 본 사람은 없을 것이다. 그리고 이 질문에 선뜻 대답할 수 있는 사람은 많지 않을 것이다.

사람이 태어나 어릴 때에는 평균 하루 400번을 웃다가 뇌가 성숙한 어른이 되면 겨우 열다섯 번에서 열일곱 번 정도 웃는다.

영국에서 웃음에 대해 조사를 한 적이 있다. 성인이 한 번 웃을 때 10초 정도 웃는다고 하면 하루에 15번 정도 웃었을 때 150초, 하루 2.5분 정도 웃는 셈이다. 이렇게 계산해 보면 우리가 100년을 산다고 하면 웃고 즐기는 시간은 대략 63일이 된다. 계산해 보니 정말 놀랄 만한 숫자다.

하루에 5분을 웃는다고 해도 100년 동안 웃는 시간은 고작 126일에 불과하다. 다시 생각해 봐도 정말 짧은 시간이다. 이제부터 우리는 의도적으로라도 하루 10번 이상은 웃어야 한다. 사람의 얼굴에 나타나는 표정은 약 7~8천 가지다. 살아가면서 이 많은 표정들은 순간순간의 감정에 따라 웃고 우는 표정을 만들어 낸다.

에이브러햄 링컨이 대통령이 되기 위해 내각을 구성할 당시 어떤 한 사람을 추천받았을 때의 일화인데, "사람이 배 속에서 나올 때는 부모님이 만든 얼굴이지만 그다음부터는 자신이 얼굴을 직접 만드는 것입니다. 나이 사십이 넘으면 모든 사람은 자기 얼굴에 책임을 져야 합니다."라면서 바로 거절했다고 한다.

사람의 얼굴에는 약 43개의 근육이 존재하는데 웃을 때는 약 17개의 근육이 움직인다. 사람마다 웃는 데 동원되는 근육은 조금씩 다르므로 더 많이 사용하거나 더 적게 사용할 수도 있다. 잘 웃지 않으면 안면 근육이 점차 퇴화한다. 웃는다는 것은 나의 근육을 움직이게 하여 운동으로 연결할 수 있는 에너지원이 된다. 매일 운동하듯 웃음도 매일 연습하고 의식적으로라도 웃어야 한다.

사람이 웃을 때 사용하는 근육들 중 가짜 웃음을 웃을 때 근육의 움직임을 보면 진짜 웃음을 웃을 때와 같다. 사람이 한 단어를 말할 때 650개의 근육 중에 72개를 움직인다. 그리고 한번 크게 웃을 때는 231개의 몸의 근육들이 움직인다. 나의 건강을 위해서 의식적으로 웃는 웃음을 웃어보면 좋겠다.

걱정해서 걱정이 없어지면 걱정없겠다

웃음은 우리에게 유익함을 가져다주는데 웃지 못하는 이유는 무엇일까? 코로나19 바이러스? 개인의 스트레스 때문인가?

웃을 때 사람의 얼굴을 자세히 보면 얼굴에 변화가 찾아온다. 얼굴은 마음의 상태에 따라 달라지기도 하는데 내 마음이 즐거우면 자연스럽게 웃음이 나오고, 힘든 일이 생기면 자연스레 웃음이 사라지고, 찡그리거나 무표정한 얼굴이 나타난다. 이렇듯 얼굴의 표정은 마음속에 품은 감정이나 느낌 등 사람의 심리 상태가 겉으로 그대로 드러나게 한다. 아마 많은 사람들이 웃지 못하는 이유는 걱정 근심이 많아서일 것이다.

우리가 걱정하는 일 중에 진짜 걱정은 얼마나 되는지 살펴보면, 일어나지도 않은 일에 대한 걱정이 40%, 과거에 이미 지난 일에 대한 걱정이 30%, 걱정을 위한 걱정과 사소한 걱정은 22%, 통제 밖의 걱정은 즉 지구가 멸망할 것 같은 걱정은 4%, 우리가 지금 하고 있는 걱정의 96%는 걱정하지 않아도, 스트레스 받지 않아도 되는 걱정거리들이다. 우리가 삶 속에서 진짜 해야 하는 걱정은 4%에 불과하다. 그래서 우리에게는 걱정을 비우는 연습이 필요하다.

"걱정해서 걱정이 없어지면 걱정 없겠다."

이 말을 잘 새겨보시기 바란다. 결국 걱정은 걱정한다고 없어지는 것이 아니다. 그러니 가짜 웃음으로 시작해서 진짜 웃음으로 스트레스를 날려보자.

당신이 먼저 웃으세요

"당신이 먼저 웃으세요."

내가 먼저 웃으면 주위에 사람들도 함께 웃게 되고 행복한 에너지가 전해진다. 억지웃음이 건강에 좋다는 것은 심리학 이론에 의해서도 뒷받침한다. '안면 피드백 가설'로, 특정 표정을 지으면 표정과 관련된 정서가 유발된다.

다시 말해, 웃는 표정은 진위와 상관없이 그 자체만으로 우리의 기분을 좋게 만든다. 억지로 소리를 내어 '하하하' 15초 이상 웃다 보면 우리 뇌는 스스로 웃고 있다고 생각하고 행복 호르몬이라 불리는 세로토닌을 분비한다. 이제 '억지로라도 웃어라'. 억지웃음만으로도 진짜 웃을 때 나타나는 건강 효과의 90%를 볼 수 있다.

진짜 행복할 때 짓는 웃음은 '뒤센 미소(Duchenne's smile)'라고 한다. 뒤센 미소는 눈이 가늘어지며 눈가에 웃음 주름이 생기고, 볼이 당겨져 올라가는 얼굴이다. 쉽게 말하면 '광대 승천 눈웃음'이다. 이런 표정은 진짜 행복할 때만 나타나는 웃음이다. 진정한 행복의 증상이자 행복을 구분하는 지표이다.

반면, 행복하지 않아도 지을 수 있는 웃음은 눈을 동그랗게 뜨고 입만 방긋 웃는 '이쁜' 웃음이다. 사람들이 셀카 찍을 때 많이 나오는 표정이다. 눈은 여전히 크게 뜬 상태에서 입만 웃기 때문에 사진이 예쁘게 나오는 표정, 행복하지 않아도 얼마든지 지을 수 있는 미소이다.

웃을 일이 있어서 웃는 것이 아니라 의식적으로라도 웃는 연습이 필요하다.

웃음이 주는 놀라운 기적!

웃음은 신이 내린 가장 값진 선물이다. 실제로 많이 웃으면 세포 증식이 활발해져 뇌가 편안해지면서 더 행복하게 웃을 수 있다.

여러분은 지금 얼마나 행복하신가요?

행복한 삶을 위해 건강은 필수이다. 건강한 삶을 위해 운동하는 사람들이 늘어나고 있다. 운동과 함께 혈액순환에도 도움이 되는 '웃음 운동'을 함께 하기를 권하고 싶다.

30초 동안 즐겁게 웃는 효과를 살펴보면 하루 중 뜻하지 않게 웃는 웃음은 3분간 에어로빅을 하는 것과 같으며, 10번의 밝은 미소는 45분간 조용히 휴식을 취하는 효과를 나타낸다. 웃음은 우리 몸의 심폐기능을 활발히 해주는 효과가 있을 뿐 아니라, 엔도르핀이 증가한다. 하루를 웃으면 하루가 젊어진다는 옛말 '일소일소 일로일로(一笑一少一怒一老)'는 틀린 말이 아니라는 것을 알 수 있다.

· 웃으면 뇌가 건강해지고 면역력을 높인다.
· 웃음은 우울증을 치료한다.
· 웃으면 면역력이 강해진다.

18년 동안 웃음을 연구한 리버티 박사는 "웃는 사람의 혈액을 분석해 본 결과, 바이러스나 암세포를 공격하는 NK세포(면역 세포)가 활성화되어 있다."라고 말했다.

또한 일본 오사카 대학원 신경기능학 팀에서는 "웃으면 병균을 막는 항체인 감마 인터페론의 분비가 증가해 바이러스에 대한 저항력이 향상되며 세포 조직의 증식에도 도움이 된다."라는 연구 결과도 발표했다.

특히 웃음은 편두통 완화에 큰 도움이 된다. 웃을 때 웃음의 효능은 혈관 속에 혈류량을 증가시켜 산소 공급을 늘려 주고, 편두통 완화에 도움이 되는데 이는 엔도르핀, 엔케 팔린, 옥시토신 같은 진통을 완화하는 신경전달 물질이 분비되기 때문이다.

이 중 엔도르핀은 기분을 좋게 하고 긴장감에서 완화시켜주는 기능을 하고, 콜레스테롤이나 중성 지방 수치를 떨어뜨린다는 연구 결과도 있다. 웃음이 얼마나 건강에 도움이 되는지 알 수 있다.

사람은 마음이 유쾌하면 종일 걸어도 싫증이 나지 않지만 걱정이 있으면 10리 길이라도 싫증이 난다.

> 인생의 행로도 이와 마찬가지로 항상 밝고 유쾌한 마음을 가지고 걸지 않으면 안 된다. -셰익스피어

나의 스마일 자가 체크리스트

1. 내 미소 짓는 얼굴이 마음에 든다. (   )
2. 웃는 얼굴이 매력적이라는 칭찬을 받은 적이 있다. (   )
3. 웃을 때 입술을 최대한 벌린다. (   )
4. 웃을 때 치아가 많이 보이게 한다. (   )
5. 웃을 때 입술 끝이 위로 향하도록 노력한다. (   )
6. 항상 미소 지으려고 노력한다. (   )
7. 사진 찍을 때 자연스럽게 웃는 얼굴을 취할 수 있다. (   )
8. 웃을 때 손으로 입을 가리지 않는다. (   )
9. 환하게 미소 짓는 얼굴이 건강에 좋다고 생각한다. (   )
10. 내 웃는 얼굴을 바꾸고 싶다고 생각한 적이 있다. (   )

▶ 나의 스마일 지수는?
   ☆ 8개 이상   막강 스마일 파워 소유자
   ☆ 7~6개 이하   보통 스마일 파워 소유자
   ☆ 5~4개 이하   스마일 파워 부족자
   ☆ 3개 이하   스마일 파워 결핍자

어떻게 웃어요?

웃음으로 마음열기

▶ 짝꿍과 인사하기

오른손, 왼손 잡고: "옆에 앉아 주셔서 감사합니다."

오른손, 왼손 잡고(교차): "제가 옆에 앉아서 행복하시죠?"

오른손, 왼손 잡고: "당신을 만난 건 행운입니다."

오른쪽, 왼쪽: 윙크~~윙크~~

안아 주면서: "고맙습니다.", "감사합니다.", "사랑합니다."

▶ 미소 인사법(처음 만난 교육생)

진행자는 함께 소리를 따라 하도록 유도한다.

첫 번째 멘트: 내 옆에 앉아 있는 짝꿍을 바라보세요

두 번째 멘트: 옆 짝꿍을 보면서 미소를 지어보세요

세 번째 멘트: 옆 사람을 보면서 위스키~~하고 웃어보세요

네 번째 멘트: 그대로 옆 사람을 보면서 윙크하세요

예) 개구리 뒷다리, 웃음꽃, 천사, 행복해 등

입꼬리는 올리면서 귀에 걸리도록 크게 벌리고, 눈꼬리는 내리면서 입을 최대한 크게 벌리면서 "위스키(키는 쭉 끝까지 뺀다) 키 키기~~(웃어요)"

첫 대면에서 분위기는 매우 중요하다. 웃음은 분위기를 편안하게 해 주고 억지로 웃는 것은 행복해서 웃는 것만큼의 90% 웃는 효과가 있다. UCLA 대학교 통증 치료소의 데이비드 브레슬로우 박사는 환자들에게 의식적으로 1시간에 2회씩 거울을 보고 웃게 했을 때 환자들이 통증이 감소한다는 연구결과를 발표했다.

▸ 힘 돋우기 안마

어깨를 안마하면서 − OO님! 행복하게 사세요!

어깨를 두드리면서 − OO님! 당당하게 사세요!

어깨를 쓸어내리면서 − OO님! 시원하게 사세요!

함께 손뼉을 마주치면서 − OO님! 웃으면서 사세요!(박장대소)

 * 사람들을 보면서 언니, 형님. 아우님. 선생님들 호칭을 써 주면 더 친근감이 느껴진다.

뇌를 자극하는 웃음 기법 ·············

▸ 1단계 소리를 크게 내면서 웃는다

 얼굴 근육은 대뇌와 연결되어 있어 소리 내어 웃으면 신경이 대뇌를 자극하여 긍정적이고 행복한 생각을 이끌어 내고, 10초 이상 웃었을 때 엔도르핀 호르몬이 분비된다.

 *엔도르핀: 동물의 뇌 등에서 추출되는 모르핀과 같은 진통 효과를 가지는 물질. '내인성(內因性) 모르핀'이라는 뜻을 지닌 용어로, 뇌의 통증 전달로 우에서 신경전달물질로 존재하고 있다. 모르핀과 동일한 진통 작용이 있어 기분을 좋게 하고 통증을 줄여 주는 작용을 한다. 척추동물의 뇌하수체와 시상하부에서 생성되는 내인성 아편양 펩티드(endogenous opioid peptides)로 신경전달물질로 작용한다. 운동을 할 때, 흥분 시, 고통을 느끼는 경우, 매운 음식을 먹었을 경우, 사랑을 느낄 때, 오르가슴을 느끼는 경우 분비된다.

 아편과 유사한 작용을 함으로써 아무 통증(analgesia)과 같은 증상과 행복감을 느끼게 한다. 엔도르핀은 생체 내에서 생성되는 천연 마약으로 볼 수 있다. 뇌하수체와 시상하부 뉴런으로부터 혈액으로 분비되는 β-엔도르핀은 척수와 뇌로 이동한다. 프로오시오 멜라노 코르틴(POMC : pro-opiomelanocortin)의 분열을 통해 β-엔도르핀이 생성된다.

▸ 2단계 숨이 멈출 때까지 길게 웃는다

웃음의 효과가 극대화되는 시점은 15초 정도이다. 처음 웃을 때 뇌는 우리 주인이 "왜 웃을까?" 뇌에서 반응을 할까 말까 고민한다. 하지만 웃음을 15초 이상 지속하면 뇌는 웃음에 반응하고 호르몬을 분비하기 시작한다. 건강하기를 원한다면 크게 길게 웃자.

▸ 3단계 항문을 조이면서 웃는다

케겔운동요법으로 건강까지 생각하는 일석이조 웃음 방법이다.

▸ 4단계 단전에 힘을 주고 웃는다

배꼽에서 네 손가락 아랫부분까지 호흡을 흡입하면서 웃는다. 스트레스 해소, 혈액 순환이 원활해지고 장도 튼튼해진다.

▸ 5단계 온몸으로 웃는다

손과 발을 동시에 움직이며 배와 온몸을 흔들며 박장대소하면서 웃는다. 건강한 사람은 1분의 박수를 70번 정도 친다고 하니 박장대소하면서 내가 몇 번이나 손뼉을 치는지 확인하고 웃으면 건강해지기 위해 더 열심히 박수를 치면서 웃을 수 있다.

'하호히헤후' 웃음소리

▸ '하하하(下下下)'의 웃음의 의미

'하하하' 웃으면 웃는 사람도 듣는 사람도 기분이 좋아진다. 하(下)는 한자로 아래 하를 의미하며 최고의 웃음은 자신을 높이는 것이 아니라 자신을 낮추고 남을 높이는 것이다.

'하하하' 웃을 때는 단전에 힘을 주고 입꼬리를 올리면서 웃는다. '하하하' 웃으면 심장과 폐의 기능이 건강해진다. 이것이 바로 웃음의 출발이다.

▸ '호호호(好好好)'의 웃음의 의미

'호호호' 웃음은 상대방에 대한 호감을 담아 웃는 가장 뛰어난 이미지메이킹이다. 호(好)는 좋을 호 자로 엄마가 아이를 안고 있으니 좋다는 의미로, 좋은 일이 생긴다는 뜻이 담겨 있다.

호호호는 '호호' 하면서 웃을 때 단전에 힘이 들어가면서 배를 자극하기에 장이 건강해지는 웃음이다.

▸ '히히히(喜喜喜)'의 웃음의 의미

'히히히'는 기쁠 희이다. 상상만 해도 기쁜 일, 서로에게 좋은 일이 생기면 '히히히' 하고 웃는다. 이 웃음소리는 두뇌를 활성화하는 산소를 공급해 주어 두통에도 좋고 건망증과 치매예방 그리고 공부하는 학생들에게도 도움이 되는 웃음으로 늘 기분 좋은 일이 생길 때 웃는 웃음이다.

▸ '헤헤헤(解解解)'의 웃음의 의미

'헤헤헤'는 해해해(解解解) 내뱉는 소리로 기분이 좋거나 마음이 편안할 때 헤벌쭉하고 웃는 의미를 담았다. 웃을 때 목 근육을 자극해 주면서 웃기 때문에 기관지나 성대를 튼튼하게 하는 효과가 있다.

▸ '후후후'의 웃음의 의미

'후후후' 내뱉는 소리로 '휴우' 한숨을 쉬는 것처럼 마음을 비우고 감정의 찌꺼기가 몸의 독소와 함께 몸 밖으로 빠져나간다는 느낌으로 웃는다. '후후후' 하고 웃을 때 단전과 항문을 조이고 웃게 된다. 이때 여자는 요실금에 좋고 남자는 전립선에 좋은 건강한 웃음이 된다.

웃음은 나를 건강하게 하고 모두를 기분 좋게 하는 매력이 있다. 웃음 하나면 어색한 사람들과의 관계에서도 쉽게 친해지는 마법 같은 언어이며 만국 공통의 언어이다.

웃음 훈련

▶ 얼굴 근육 풀기

- [아]의 경우는 입과 눈을 크게 뜨고 놀란 얼굴로 입꼬리가 귀에 걸리도록 '아' 소리를 내면서 안면 근육을 풀어준다.
- [에]의 경우는 좌우의 구강을 약간 위로 올리면서 상하 치아가 보이게 하고 눈썹은 위로 올리면서 '에' 하고 소리를 낸다.
- [이]는 입을 크게 '이' 하면서 입술과 함께 소리를 길게 내면서 눈과 눈썹, 미간에 힘을 주고 소리가 멈출 때까지 '이' 소리를 낸다.
- [오]의 경우는 입을 한껏 오므리며, 눈은 크게 뜨면서 '오'하고 소리를 낸다.
- 매일 몇 번 반복 수행하면 조금씩 얼굴 근육이 부드러워져 다양한 표정을 만들 수 있다.

▶ 근육 탄력 주기

- 입을 최대한 크게 벌려 10초 동안 멈춘다.
- 그 후에 입꼬리를 수평이 되게 최대한 길게 늘인 뒤 10초간 멈춘다. 다시 입술을 중앙으로 동그랗게 모으고 10초를 유지한다.

▶ 웃음 만들기

- 입을 작게 벌리고 웃는다.(호호호)
- 이어 입을 반쯤 벌리고 웃는다.(하하하)
- 마지막으로 입을 크게 벌리고 박장대소하면서 웃는다.(으하하 하하하)
- 이 과정을 3번 정도 반복한다.

▶ 웃음 유지하기

입꼬리가 귀에 걸리도록 위스키, 개구리 뒷다리, 치즈 하면서 10초, 20초 시간을 늘려가면서 웃는 연습을 한다. 이때 양쪽 엄지와 검지로 입꼬리를 고정시키면 도움이 된다.

이렇게 웃어보세요

▶ '나' 칭찬하기 웃음

매일 아침에 또는 시간 날 때 거울을 보면서 나를 칭찬한다. "넌 진짜 멋있어", "건강하게 살아줘서 고마워~", "늘 네가 하는 일들을 응원해." 하면서 나를 응원하는 메시지로 꼭 안아 주면서 칭찬해 준다.

▶ 거울 웃음

한 사람이 거울이 되고 한 사람은 '웃음꽃'이 된다. 거울은 '웃음꽃'의 모습을 그대로 따라한다. '웃음꽃'이 머리를 빗으면 거울은 그대로 머리를 빗고 얼굴을 찡그리면 똑같이 따라 한다. 다양한 표정을 지어보세요.

▶ 대형 거울 웃음

대형 거울 웃음은 한 사람이 '웃음꽃'이 되고 모든 사람은 대형 거울이 된다. 대형 거울은 '웃음꽃'을 따라서 웃는다. 분위기를 살펴보고 평소 잘 웃지 않는 사람을 향해 활짝 웃어주면 모두가 웃어야 하는 미션임을 알기에 어색하지만 같이 웃게 된다. 사람은 나와 똑같은 모습을 보여 줄 때 호감을 가지게 되고 자연스럽게 마음을 열게 된다. 특히 남들이 다 웃을 때 웃지 않는 것은 무척 힘이 든다.

▶ 손거울(백설공주) 웃음

한 손을 거울이라 생각하고 손거울을 든다. 거울을 보면서 미소를 짓는다. 손거울을 보면서 "거울아, 거울아, 세상에서 누가 제일 예쁘니?" 거울에게 묻고, 내가 답한다. "바로 나!" 하면서 양손을 얼굴 턱에 받치고 기분 좋게 웃는다. 이렇게 나를 보면서 10초 이상 웃으면 자존감도 향상되고 기분이 좋아진다.

짝꿍과 함께 진행할 때는 거울을 상대에게 비추어 주면서 "거울아, 거울아, 세상에서 누가 제일 예쁘니?" 하고 물어보면 옆 짝꿍이 "바로 너!" 하면서 거울을 든 사람과 함께 웃는다.

▸ 웃음 총

사람들은 총을 싫어한다. 그런데 유일하게 좋아하는 총이 있다. 바로 '웃음 총'이다. 특히 몸이 아프거나 우울한 사람들은 매일 웃음 총을 맞았으면 좋겠다고 한다.

웃음 총은 먼저 총알을 장전한다.

진행자가 "총을 장전하세요"라고 외치면, 모두 총을 장전한다.

진행자가 먼저 총을 잡고 한 사람을 향해 '빵' 하고 손으로 총을 쏜다.

이때 "빵" 대신 "웃어라", "아프지 마라", "행복해져라" 하면서 총을 쏠 수 있다.

총을 맞은 사람은 맞은 부위를 붙잡고 "맞았다", 또는 "으악" 하고 총 맞은 부위를 붙잡고 "아하하하하" 하고 웃는다. 총을 맞고 10초간 웃고 나서 다른 사람을 향해 "빵" 하고 총을 쏜다.

한 발을 쏴도 되고 연타로 "빵, 빵, 빵" 하고 여러 방의 총을 쏠 수 있다.

팀별로 웃음 총을 쏠 수도 있다. 팀을 나누어 웃음 총을 쏘고 웃음을 먼저 멈추면 지는 것이다. 웃음 총은 웃음이 꼭 필요한 사람, 잘 웃지 않는 사람, 함께 웃었으면 하는 사람들에게 집중적으로 쏘면 좋다.

▸ 웃음폭탄

웃음폭탄은 폭탄을 갖고 있는 사람이 폭탄을 갖고 있는 동안 웃어야 한다.

먼저 웃음폭탄이 될 만한 물건을 정한다. 콩주머니나 종이꽃, 작은 수건도 좋다.

사회자가 대상을 정하고 웃음폭탄(콩주머니)를 던진다. 이때 웃음폭탄을 받는 사람은 10초 동안 폭탄을 들고 박장대소하면서 웃는다. 10초 정도 지나면 다른 사람에게 폭탄을 던져야 한다.

혹시 평소 수줍어 잘 웃지 않는 사람이 있다면 규칙을 바꾸어 폭탄을 던진 사람과 받는 사람이 함께 웃는 규칙을 정하면 더 재미있다.

▸ 펭귄 웃음

먼저 펭귄 모습을 상상하면서 펭귄 모양을 한다. 양팔을 아래로 내리고 손바닥을 편다. 팔과 어깨를 움직이면서 동시에 발을 동동 구르면서 웃는다. 옆 사람과 펭귄 팔을 한 상태로 마주 보고 웃는다. 펭귄 가족이 함께 걸어가면서 웃을 수도 있다.

웃음은 행복충전소

웃음보약 드실래요?

웃음은 신이 인간에게 내린 최고의 선물이다. 평생학습센터에서 웃음치료사 자격과정 중 퇴직을 하신 선생님이 이렇게 말씀하셨다.

"딸의 결혼식이 있는데 얼굴표정을 바꾸어 보고 싶어서 왔습니다."

주 1회 2시간씩 웃음치료 자격과정을 수강하셨다. 딸의 결혼식이 끝나고,

"강사님! 사람들이 저를 못 알아봅니다. 사진 속에 아버님은 어디 가셨냐고? 얼굴 표정이 바뀌어서 딸도 너무 좋아하고 저도 기분이 정말 좋았습니다. 선생님 덕분입니다."

라며 감사함을 전했다. 모두가 얼굴이 변했다고 신기해했다는 말씀을 전해 들을 때 웃음치료가 행복을 전해 준다는 것을 다시 느끼게 된다.

항상 웃고 다니는 사람들 보면 나까지 기분이 좋아진다. 사람들이 가끔 하는 말 중에 '웃는 얼굴에 침 못 뱉는다'라는 말이 있다. 항상 웃고 다니는 사람에게 정말 그렇다. 우울한 표정보다는 웃는 얼굴이 보기 좋듯이 웃는 얼굴을 하고 다니면 자신뿐만 아니라 상대방까지 기분이 좋아지게 한다.

오늘부터는 의식적으로라도 웃자 그냥 자연스레 웃다 보면 미소가 지어지고 웃다 보면 행복이 넝쿨 채 굴러 들어올 것이다. 돈 들여 약 먹지 말고 오늘부터 공짜 보약인 '웃음 보약'을 챙겨 먹고 나를 만나는 모든 사람들에게 웃음꽃을 전달해 보자.

웃음은 추억선물이다

"선생님, 이젠 어떻게 살아가지요?"

"왜요? 무슨 일 있으신가요?"

"매주 선생님과 함께 배꼽 잡고 웃었던 시간들이 저를 버티게 했는데 이젠 교육이 끝날 시간이 되어 너무 아쉽네요."

이 수강생은 웃음 운동지도사 자격증을 취득하고 싶은 게 아니라 현재

삶 속에서 조금 웃어보려고 '그래야 살 것 같다'고 평생학습센터 웃음 테라피 과정에 접수를 하신 분이셨다.

이야기를 들어 보니 남편이 쓰러져 2년 정도 병간호하다 돌아가시고 이젠 치매 어머님 병간호를 하시는 중이라고 한다. 어머님과 운동도 하고 이야기도 하는데 스스로가 너무 힘들어서 이러다 자신도 아플 것 같다면서 동구청 평생학습센터에서 주관하는 웃음치료사 자격증 과정에 등록하셨단다.

첫날은 이렇게 웃어도 될까 하는 마음으로 고민하다 자연스레 웃음이 나오고 자신의 이야기를 나누면서 힐링이 되었다는 수강생.

"선생님, 저는 매주 배운 내용들을 집에 가서 친정엄마와 연습하며 함께 웃는 시간이 너무 행복해요."라고 하시면서,

"웃음은 나에게 휴식 타임입니다."

치매에 걸리신 친정엄마를 돌보는 일이 쉽지는 않았지만 매주 배운 내용을 가지고 한 주간 엄마와 연습하고 또 배워서 연습하고, 엄마가 더 정신을 놓기 전에 함께 웃을 수 있어 정말 행복하다고 했다. 매주 평생학습센터에 오는 시간이 행복해서 이렇게 행복해도 되는지 자신에게 물어보았다고 한다.

웃음은 엄마와의 추억을 갖게 해 준 고마운 선물이다.

당신의 미소는 세상에서 가장 아름답습니다

하얀 눈이 펑펑 내리던 겨울날, 담양의 깊은 산속에 도착했다. 밤부터 내리기 시작한 눈은 하늘이 구멍 뚫린 듯 쉬지 않고 내리고 있었다. 아침에 운전을 할 수 있을까, 강의를 갈 수 있을까 싶어 아침 일찍 기관에 전화를 했다.

"선생님 오늘 강의 진행하나요?"

"저희는 다시 일정 잡기가 힘들어서 진행하려 합니다."

아차 싶었다. 눈길에 차가 미끄러지면 어떡하지 하는 고민이 들면서 걱정스러웠다.

강의를 진행한 곳은 매년 1차 직무교육을 진행하는데 올해는 직원들에게 특별하게 웃음치료로 스트레스도 해소하고 많이 웃게 하는 시간을 만들고 싶어서 블로그를 보고 요청을 했다고 한다.

강의 도중, "선생님, 이렇게 웃어본 건 60평생 처음인 듯합니다." 하시면서 "방금 지릴 뻔했습니다." 하고 강의장을 초토화시켰다.

"선생님, 화장실은 밖에 있습니다."

우린 다시 웃음바다가 되었다.

"어제 웃음치료강의를 듣던 과장님께서 응급실에 실려갔는데 너무 웃다가 배꼽이 빠졌답니다."

웃음은 수강생들과 징검다리처럼 자연스러운 대화로 이어주었다.

웃는 내 얼굴을 보면 상대방이 따라 웃는다. 내 얼굴에 웃음이라고 쓰지 않아도, 미소만 지어도 함께 웃을 수 있다. 이렇게 처음 만난 분들과 마음을 열고 금방 친해지고 유머를 할 수 있다는 것도 웃음이 주는 멋진 선물이 아닐까 싶다.

아이가 웃듯 우리도 웃자. 나를 보고 행복하게 웃는다면 최고의 무기를 가지고 있는 것이다.

당신의 미소는 세상에서 가장 아름답습니다.

웃음운동지도사와 직업전망

웃음을 통해 사람의 마음을 건강하고 즐겁게 해 주고, 그 영향으로 몸이 건강해지도록 돕는다. 불안, 우울, 강박 등 부정적인 감정이 심해졌을 때 웃음요법을 통해 긍정적인 감정으로 바꿔준다.

국내에서는 60여 곳의 기관에서 웃음치료사 민간자격증이 제공되고 있으며, 심리학과 상담 등을 전공하여 관련 분야의 깊이 있는 지식이 있으면 자격증 취득에 유리하다.

웃음 운동은 웃을 때 심장박동 수를 증가시키고 호흡의 변화를 이끌어 심폐기능을 강화시킬 수 있다. 처음에는 최대 운동능력의 40~60% 정도로 해서 큰 웃음의 운동시간을 20분 정도로 하다가 점차 늘려 나간다. 웃음운동의 효과를 높이기 위해서는 웃음운동 전문가의 조언이 필요하며, 목표를 장기적으로 수립하고 서서히 시간을 늘려 나간다. 박장대소나 파안대소, 요절복통과 같은 큰 웃음은, 초기에는 두 번, 서너 번, 후기에는 대여섯 번 이상 지속할 수 있도록 반복적으로 훈련을 한다. 억지로 웃으려고 애쓰는 것만으로도 웃음 효과를 낼 수 있다.

웃음 테라피 지도사는 직무스트레스 해소, 소통과 공감 강의, 자유학년제 진로특강, 실버건강 운동지도와 레크레이션 강의에 활용이 가능하다. 직무교육 시 마음 열기, 평생학습센터 웃음치료, 노인시설, 요양병원, 주야간보호 센터에서 활동할 수 있다.

자기소개하기

• 이름을 먼저 말한다.

• 자신에 대한 정보 한두 가지를 말한다.

• 이곳에 오게 된 동기를 말한다.

강의 시작 전 강사 소개하기

• 강의 주제를 말한다.

• 이 주제가 왜 필요한지 말한다.

• 강사 소개(연혁 및 경력)

• 강사 호명

강의를 마치고

• 인사하기

• 내용 중에서 기억나는 한 가지 포인트 말하기

• 다시 한번 감사

프레너미 안에서

김나연
rose-korea77@hanmail.net | blog.naver.com/rosekorea77

· 행복한 세상만들기 심리운동연구소 대표
· 푸드아트로 풀어보는 소통이야기 대표
· 푸드아트테라피 강사
· 아로마테라피 강사
· 원예테라피 강사
· 도형심리테라피 강사
· 전통놀이테라피 강사

푸드아트 테라피는 새로운 시각으로 음식이라는 것을 도구로 사람에게 친숙한 식
품 재료를 통해 자신을 되돌아보는 자기이해와 존중감을 상승시키며 심리정서적
문제를 치유하는 자연주의적 방법이다. 식품을 재료로 하기 때문에 누구나 부담감
없이 자연스럽게 접근할 수 있고 연령과 성별 구분 없이 쉽게 누구나 할 수 있는 프
로그램이다.

현대사회와 테라피

인간은 사회적 동물이라고 아리스토텔레스가 주장한 것처럼 우리 인간은 사회 속에서 함께 살아가는데 절실하게 필요한 것은 사회적 기술(Social skills)이다.

사회적 기술은 주어진 환경과의 상호작용 과정에서 균형을 이루고 조화를 유지하기 위해 필요한 생활 적응적 요소를 포함한 개념으로 사용되며, 구체적인 행동 기술을 의미한다(장은미, 2007).

현대사회의 빠른 사회 변화와 개발 속도에 비해, 심리적 회복과 치유를 위해 더 많은 시간과 노력을 들여야 하는 문제들로 심리적 스트레스가 쌓이게 된다. 그래서 스트레스 해소와 쉼을 위한 목적으로 푸드아트 테라피, 아로마 테라피, 원예 테라피, 웃음 테라피, 그림책 테라피, 춤 테라피, 영화 테라피, 색채 테라피 등 각종 테라피들을 활용하고 있다.

테라피는 일반인에게도 질병 치료의 차원이 아닌 예방적 차원으로 더 건강한 생활을 하기 위해 필요하다.

음식의 기능

왜 음식일까? 어렸을 때 어른들로부터 '음식이 보약이다.'라는 말을 자주 들어왔던 기억이 난다. 음식이 신체적 건강뿐 아니라 심리적인 부분으로까지 확대하여 생각해 보자. 건강과 웰빙 먹거리에 대한 관심이 많아지면서 음식과 건강을 다루는 TV 프로그램이 늘어나고 음식에 대한 과학적인 상식도 많이 다루고 있다. 남녀노소 할 것 없이 음식을 만들고 배우는 취미활동을 하고 남성들이 요리하는 모습을 자연스럽게 대하면서 일상의 생활양식이 변화되고 있는 것을 알 수 있다.

▸ 음식이 갖는 상징적 의미

1. 제사

한국 사람의 제사에 대한 관심은 효와 조상의 덕을 중시하는 문화가 아닌가 생각한다. 명절 때마다 고향을 향해 고속도로를 가득 메울 만큼 주차장이 되는 민족도 드물다.

- 제단에 음식을 바치고 안녕을 비는 의식
- 바다로 배를 띄울 때 만선과 안전을 기원하는 의식

2. 일상생활

절대적으로 양식이 부족했던 보릿고개라는 것이 있었다. 내가 살던 마을에서는 주식이 보리밥이었고 보리밥도 먹지 못할 때면 쑥국, 콩나물죽, 나물죽으로 끼니를 때우던 시절 우리 집도 예외는 아니었다. 쌀밥은 제사나 집안의 중요한 행사 때 먹을 수 있었다. 현대에 와서도 음식은 귀한 사람 축하할 일이 있을 때 서로 나누는 주고받는 것이다.

- 회식자리에서의 건배
- 밸런타인데이에 초콜릿을 주고받는 것
- 축하의 의미로 음식을 나누는 것

3. 합격기원

개인적인 기대와 소망을 담아 마음을 표현하는 먼 옛날부터 이어져 내려 온 인류 공동의 생활양식이다.

- 시험 합격을 위한 찹쌀떡, 엿 등

▸ 음식이 지닌 속성

1. 영양학적 측면

바쁜 현대사회의 다양한 형태의 가족 구성원들은 필수적으로 간단식으로 필수 영양소를 골고루 섭취해야 할 필요성이 대두되고 있다.

- 건강에 유익한 여러 가지의 영양소를 함유
- 친근한 재료를 보고, 만지며 좋아지는 기분

2. 심리적인 측면

오감을 통해 느껴지는 안정감과 음식으로부터의 추억과 향수를 온몸으로 기억한다.

- 재료를 다듬으면서 나는 소리
- 다양한 식재료에서 풍기는 냄새
- 저마다 다른 모양과 질감
- 예술작품을 형상화하며 생기는 활기, 에너지
- 작품을 만든 후 느끼는 성취감
- 시각적인 색채의 아름다움

3. 흥미적 요소

- 작품에 담긴 추상적인 의미를 다루어가며 자신의 내면을 새로이 인식하고 긍정적인 시야가 트이게 된다.
- 즉석에서 만드는 맛있는 음식과 여럿이 함께 즐거워하며 즐길 수 있는 놀이이자 체험학습이다.

푸드아트 테라피의 기능 ·············

푸드 아트 테라피는 식재료를 매개체로 창의적인 놀이와 예술 활동을 통해 예방과 치유가 이루어지는 통합적 표현예술치료의 한 장르이다. 내담자의 맞춤형 테라피 프로그램이다.

▶ 내담자와 치료자

치료자는 내담자와 똑같은 인간이며 특별한 능력을 가지고 있는 것이 아니다. 그러므로 수평적인 관계를 유지하고 서로 협력하여 진행한다. 자신의 내면세계를 표현하고 작품을 만드는 과정에서 서로 협력하여 진행한다.

1. 내담자

작품을 통한 대화로 내담자의 자기주도적 활동을 하면서 스스로 자신의 문제를 알아가고 풀어냄으로써 자신감과 자존감을 향상한다. 다른 치료에 비해 내담자가 방어나 경계심을 갖지 않고 치료에 들어서게 하는 쉬운 방편 중의 하나다.

- 만든 사람의 인생이 반영된다.
- 개인의 생각과 감정이 투영된다.
- 인류의 문화가 상징적으로 배어있다.

2. 치료자

푸드아트 테라피는 치료를 위한 절차와 활동의 순서가 정해지기보다 내담자의 문제에 중심을 두고 계획을 세운다.

- 내담자와 수평적인 관계로 시작한다.
- 내담자와 함께 숨 쉬고 파동을 이루는 한 축이된다.
- 치료 분위기를 조절하고 내담자가 균형을 잡아가도록 동행하는 것이다.

푸드아트 테라피의 특징

▶ 진정한 예술치료로서의 기능을 지닌다

- 문제에 직접적인 접근보다 작품 활동을 통해 능동적인 태도와 자신감을 배양한다.
- 자발적으로 몰입하는 창의적인 제작 과정, 상호 협력적인 해석을 통해 스스로의 힘을 기르도록 지지한다.

▶ 소집단 치료 과정을 통해 성장한다

- 다양한 집단활동이 모두 가능하나, 특히 소집단에 더욱 효과적이다.
- 치료자의 주관으로 치우치는 경향을 최소화한다.
- 집단 구성원 각각의 프리즘을 통해 나타난 의미를 교류한다.
- 서로 다양한 반응과 상호지지를 보낸다.

▶ 음식을 통한 상호작용

- 다른 사람의 발표를 들으면서 자신을 되돌아보게 된다.
- 서로 의지하여 노동과 여가를 함께 즐기는 과정이다.
- 음식 준비과정의 속성을 그대로 가지고 출발하므로 부담이 없다.
- 다른 치료에 비해 서로 간 마음의 벽을 트고 생기 있는 분위기가 조성된다.

푸드아트 테라피에서의 다양한 활동 ·············

푸드아트 테라피는 새로운 시각으로 음식이라는 것으로 도구로 사람에게 친숙한 식품 재료를 통해 자신을 되돌아보는 자기이해와 존중감을 상승시키며 심리정서적 문제를 치유하는 자연 주의적 방법이다. 식품을 재료로 하기 때문에 누구나 부담감 없이 자연스럽게 접근할 수 있고 연령과 성별 구분 없이 실버에서 유아들까지 쉽게 누구나 할 수 있는 프로그램이다.

아래의 프로그램은 심리운동을 활용한 푸드아트 테라피가 지적장애인의 사회적 기술에 미치는 영향이다(본인 논문을 인용함).

▶ 자기이해 단계

1. 친밀감 형성: 푸드로 나를 소개해요

목표 : 프로그램을 이해하고 자기소개하는 시간을 통해 친밀감 및 신뢰감을 형성한다.

- 스트레칭 박수
- 오리엔테이션
- 푸드로 애칭 짓기, 자기소개하기

2. 자기이해: 내 기분을 식빵에 표현해요

목표 : 자신의 마음을 푸드로 자연스럽게 표현한다.

- 공(만지고 던지기)
- 국수로 나-전달하기

▶ 감정 표현

1. 자기표현 알기 : 말하는 용기, 핫도그 역할극

목표 : 자유롭게 자신을 표현하고 감정 표현이 어려운 이유를 알 수 있다.
- 볼링(세울 수 있는 도구 활용 공 던져 맞추기)
- 자기표현 행동의 대화법 알기
- 핫도그 역할극

2. 불안과 분노 극복하기: 불안과 분노를 반죽해요

목표 : 분노와 불안을 다스리는 자기표현 행동을 알고 자기조절 방법을 알고 촉진한다.
- 훌라후프(둥글게 만들어 통과하기 직선, S자, 동그라미 표현)
- 건빵 탑 쌓기 놀이
- 밀가루 반죽으로 불안과 분노 표출하기
- 겉마음 속 마음 찾고 상처 치유하기
- 불안과 분노조절 훈련

▶ 긍정적 사고의 전환

1. 나-전달법 : 국수로 내 생각과 마음을 분명하게 전달해요

목표 : 나-전달법을 알면 자기표현을 자연스럽게 할 수 있다.
- 비눗방울, 북(북소리에 맞춰 비눗방울 잡기)
- 자기표현 행동의 나-전달법 알기
- 자기표현 연습하기
- 국수로 나-전달하기

2. 칭찬하기 : 나는 칭찬왕, 뻥튀기 메달을 만들어요

목표 : 자연스럽게 칭찬 방법을 알고 자기표현을 할 수 있다.
- 거울놀이(친구 행동 따라 하기)
- 쌀 튀밥 속 보물 찾기

- 자기표현 행동의 칭찬 방법 알기
- 칭찬 놀이, 뻥튀기 칭찬 메달 만들기

▸ 긍정적 사고의 확장
1. 공감하기 : 사랑의 약으로 힘이 되어줄게

목표 : 자연스럽게 경청하고 공감과 자기표현을 할 수 있다.
- 짐볼(균형잡기, 흔들기)
- 짱구 과자 놀이
- 경청과 공감 방법 알기
- 사랑의 푸드 약 처방

2. 자기표현 행동 연습 : 다 함께 푸드 만다라

목표 : 공동작업으로 상호 관계 경험을 통해 자기표현행동을 연습하고 자기조절력을 기를 수 있다.
- 그대로 멈춰라
- 방울토마토를 옮기기
- 도움 요청 방법 알기
- 다 함께 푸드 만다라 만들기

▸ 긍정적 자아상 확립
1. 사교적 대화하기 : 행복마을 미니파티

목표 : 미니파티 작품 활동을 하며 사교적인 대화 능력을 키울 수 있다.
- 걷기(선생님 따라서 신체동작 따라 하기)
- 갈등해결을 위한 협상방법 알기
- 푸드로 행복마을 미니파티 준비하기
- 다 함께 미니파티

2. 실천의지 다짐하기 : 새로운 '나' 케이크로 만나요

목표 : 프로그램을 정리하며 케이크에 자신의 자랑스러운 모습을 표현한다.

· 케이크 만들기, 땅따먹기
· 칭찬 릴레이
· 이렇게 변했어요
· 케이크에 자랑스러운 나 표현하기
· 나의 성공 열쇠

푸드아트 테라피의 실제

푸드아트 테라피는 대상자의 정보습득을 위한 대화수단으로 학생에 대한 정보나 마음을 알아보기 위한 관심을 기울이는 대화이다. 마음 속 깊은 곳에 느끼고 있는 감정과 아픔을 끌어내 다독여주는 치료의 대화 기법으로 푸드아트 테라피를 활용한다.

Winnicott(1974) 아동이나 성인이 전인적이고 창의적이 될수 있는 것 은 놀이를 할 때뿐이다. 개인이 자기를 표현하는 것은 창의적인 상태에 서 가능하다(p63). 성인 심리치료에서 자기 이해, 감각과 관련하여 놀이 의 중요성을 처음으로 인정하였다.

놀면서 창의적인 생각과 다양한 변화를 시도하며 자신의 능력이나 존 재 가치를 경험한다. 놀이는 어떤 보상을 바라고 하는 것이 아니다. 노는 과정 속에서 틀에 얽매인 교육이 아니라 푸드의 재료를 만지고 다루고 놀면서 자기만의 작품을 만들고 자신의 가능성과 자아 성장을 알게 된 다.

푸드아트 테라피는 혼자만의 놀이가 아니고 집단원과의 관계 속에 소 통과 공감의 중요한 의미를 갖는다.

또한 재구성하는 과정 속에서 창의적이고 의미있는 대화를 통해 자신 의 내면을 알게 되고 만나면서 새로운 가능성을 발견하는 과정에 이르 게 되는 멋진 도구이다.

▸ 1회기 : 푸드로 나를 소개해요

연구 참여자들의 부담 없이 즐겁게 어울릴 수 있도록 친밀감 조성에 중점을 두었으며 재미있고 신기하다는 반응을 보였다.

대상	작품	활동내용
A		• 가을이 좋아서 가을을 표현했어요. • 음식으로 표현하는 재미있어요.
B		• 웃는 모습이 예쁘다고 해서 '웃음'이라고 지었어요. • 너무 재미있고 먹는 걸로 작품을 만들어서 좋아요.
C		• 나는 노는 것을 좋아해서 놀이로 지었어요. • 푸드로 만드니 기분이 좋아져요.
D		• 짱구라고 지었어요. 어릴 때 별명이 짱구였어요. • 음식 만드는 재료로 만들어서 재미있어요.
E		• 보물을 가득 넣어놨어요. • 푸드로 별명을 만들고 맛있는 것이 많아서 즐거워요.
F		• 무슨 별명을 지어야 할지 잘 모르겠어요. • 음식으로 하니까 재미있어요.
G		• 그냥 만들었어요. • 그냥 미소만 짓는다.

▶ 2회기 : 내 기분을 식빵에 표현해요

자기이해 단계로 자신의 감정을 알아차리고 표현하는 데 중점을 두었고 즐거움, 들뜬, 재미있는, 행복한 등 감정을 다양하게 표현하였다.

대상	작품	활동내용
A		• 공 던지고 놀아서 스트레스가 없어지고 푸드아트 테라피를 해서 즐거운 마음을 표현했어요. • 내가 좋아하는 식빵에 만들어서 좋아요.
B		• 공 던지고 놀아서 기분이 좋아졌어요. • 푸드아트 테라피를 활동을 하니까 마음이 즐거워요.
C		• 오늘 공놀이가 즐거워요. • 식빵에 그림을 그릴 수 있어서 좋아요.
D		• 수업 시간이 재미있어서 환한 마음을 표현했어요. • 재미있어요.
E		• 부끄러워서 얼굴을 만들기 힘들었어요.
F		• 날마다 즐겁고 재미있어요. • 맛있는 음식이 많아서 좋아요.
G		• 푸드아트 테라피 시간을 기다리며 즐거운 표정을 표현했어요.

▶ 3회기 : 말하는 용기, 핫도그 역할극

감정 표현 단계인 3회기는 일상에서 참고 말을 하지 못했던 경험을 생각하게 한 후 자기표현 행동을 하지 못했던 것을 알아보는 데 초점을 두었다.

대상	작품	활동내용
A		• 누나가 간섭하지 않았으면 좋겠어요. • 누나와 싸우지 않고 사이좋게 지내고 싶어요.
B		• 엄마가 친구 만나러 간다고 할 때 자꾸 코로나가 위험하다고 못 만나게 해요. 그래서 속상해요. • 그래도 엄마가 있어서 좋아요.
C		• 형이 TV나 게임할 때 자꾸 못하게 했어요. 속 상해요.
D		• 일터에서 동료를 불렀는데 듣고도 저를 무시해 서 속상했어요. • 내 말을 안 들어줘요. 내 말을 잘 들어주었으면 좋겠어요.
E		• 내가 말을 하면 잘 들어주었으면 좋겠어요. • 내가 부르면 대답을 해 주면 좋겠어요.
F		• 어제 같이 일하는 오빠가 자꾸 나쁜 말을 해요. 고운 말 사용했으면 좋겠어요.
G		• 그냥 미소만 짓는다.

▶ 4회기 : 불안과 분노를 반죽해요

반죽으로 분노와 불안의 감정 표현을 하는 4회기는 정서적 요인을 이해하고 속마음과 겉마음 알기 활동을 통해 자신을 이해하는 데 중점을 두었다.

대상	작품	활동내용
A		• 훌라후프를 잘 못한다고 해서 너무 속상하고 눈물이 났어요. • 겉마음은 속상했는데 속마음은 사랑받고 싶었어요.
B		• 코로나 때문에 밖에 놀러 다닌다고 엄마한테 야단맞았어요. • 그때 겉마음은 답답하고 외로웠지만 속마음은 인정받고 싶었어요.
C		• 형이 내가 하고 싶은 것을 못 하게 할 때 화가 났어요. • 겉마음은 화가 났지만 속 마음은 이해하고 싶었어요.
D		• 며칠 전 동료가 기분 나쁘게 하는 말을 해서 화가 났어요. • 겉마음은 속상했고 속마음은 동료에게 존중받고 싶었어요.
E		• 누나가 나를 화나게 해서 기분이 나빴어요. 겉마음은 나도 화를 내고 싶었지만 속마음은 잘 지내고 싶었어요. • 오늘 누나에게 내 마음을 말하고 나니 마음이 편해졌어요.
F		• E에게 화를 내서 미안한 마음이 들었지만 사과하지 못했어요. 겉마음은 속상했고 속마음은 이해받고 싶었어요. • 오늘 내 사과를 받아줘서 기분이 좋아요.
G		• 그냥 했어요. • 잘 모르겠어요.

▶ 5회기 : 국수로 내 생각과 마음을 분명하게 전달해요

자기표현 행동의 방법을 일상생활의 예시 상황에 맞게 다양하게 자기 표현 연습하면서 각자의 생각이 많아졌으며 해결책을 함께 고민해 봐서 좋았다고 하였다. 나-전달법은 어려웠지만 화를 내거나 큰소리 내지 않고 자기의 생각을 표현할 수 있다는 자신감을 보였다.

대상	작품	활동내용
A		• 동료와 싸웠는데 잘 지내고 싶어요. • "너랑 사이가 좋지 않으니 내 마음이 외로워. 너랑 친하게 지내고 싶다"고 이야기하고 싶어요.
B		• 네가 자꾸 소리를 지르니까 내 기분이 나빠, 소리 지르지 말아 줄래? • E가 내 말을 들어 주었어요. 고맙다고 이야기하고 싶어요.
C		• 형에게 말하고 싶은데 어떻게 말해야 좋을까요? • 나에게만 치우라고 하니 속상해요. 형도 함께 치우라고 말하고 싶어요.
D		• 코로나 때문에 밖에 나갈 수 없어서 슬펐어요. • 코로나가 빨리 물러갔으면 좋겠어요.
E		• 동생이 내 말을 무시할 때가 있어요. • 동생에게 무시하지 말라고 하고 싶어요.
F		• 친구가 화내지 말고 내 말을 잘 들어줬으면 좋겠어요. • 화내지 말고 친구야 친하게 잘 지내자고 말하고 싶어요.
G		• 나-전달법이 어려웠지만 배우니 좋았어요.

▶ 6회기 : 나는 칭찬왕, 뻥튀기 메달을 만들어요

서로 칭찬하는 활동을 통해 더 친해지고, 즐거운 시간이었다고 하였다. 도입단계에서는 거울놀이와 잡곡 속에서 보물찾기 놀이도 하며 서로 경쟁심을 보이기도 했지만 젤리를 못 찾는 동료를 위한 배려하는 행동도 보이기 시작하였다.

대상	작품	활동내용
A		• 멋지다는 말과 잘한다는 칭찬이 좋아요. 처음에는 칭찬하는 게 힘들었는데 자꾸 해보니 재미있어요.
B		• 친절하다는 칭찬이 좋아요. 친구랑 서로 칭찬을 해보니 더 친해진 것 같아요.
C		• 청소를 잘하고 정리 정돈도 잘한다는 칭찬을 해 줘서 기분이 좋았어요. 그래서 즐거웠어요.
D		• 작품 할 때 색을 예쁘게 잘 쓴다는 칭찬이 좋아요. 나를 인정해 줘서 기뻐요.
E		• 오늘 동료들한테 칭찬을 들으니 기분이 좋아요. 그리고 멋있다는 칭찬도 좋았어요. 행복해요.
F		• 칭찬 메달을 만들어서 기분이 좋아요. • 잘 만들었다고 칭찬도 들었어요 기분이 좋아요.
G		• 칭찬 메달을 이쁘게 잘 만들었다는 칭찬을 들었어요. • 집에 가서 엄마한테 자랑하고 싶어요.

▶ 7회기 : 사랑의 약으로 힘이 되어줄게

서로의 관점이 다름을 인정하고 상대의 관점으로 생각하고 실천하는 단계로 자기표현, 감사, 행복, 즐거움, 친절, 따뜻해, 용기, 이해, 친절해 등의 의견을 표현하였다.

대상	작품	활동내용
A		• E는 소리를 자주 질러 주위에서 지적을 많이 당해 기분이 나빴다고 했어요. • E가 속상했을 것 같아요. 지금은 잘 웃고 소리도 잘 안 질러서 다 잘될 거야.
B		• G가 지금보다 날씬해지고 싶다고 해서 다이어트에 좋은 재료를 처방했어요. • G가 내 마음을 이해해 주었어요.
C		• 힘내라고 약을 처방해 줬어요. • F는 제가 놀리면 속상하다고 했어요.
D		• G는 말을 잘 못해서 속상했을 것 같아요. "용기 내, 힘 내." • 자기표현도 좋아지고 재미있어요.
E		• A가 앞으로 운동도 열심히 하고 건강해지고 싶대요. 잘할 수 있을 거라고 말해주고 싶어요. • 푸드아트 하면서 A와 더 친해진 것 같아요.
F		• C는 형한테 혼나서 속상해 보였어요. 많이 속상했구나, 괜찮아, 힘 내. • C를 더 잘 이해하게 되었어요.
G		• B가 직장에서 속상한 일이 있었다고 했어요. 용기를 주고 싶어요. • 많이 속상했을 거 같아요. 괜찮아, 잘할 수 있어.

▶ 8회기 : 다 함께 푸드 만다라

 자신의 생각을 표현하고 갈등 상황이 왔을 때 서로에게 도움을 주고받을 수 있도록 협업을 촉진하는 데 중점을 두었다. 활동 시 힘든 점은 작품을 만드는 과정에서 서로 의견을 묻는 것이었다는 반응도 보였다. 도입단계에서 그대로 멈춰라 놀이와 머리 위의 접시를 떨어뜨리지 않는 균형 잡는 놀이를 했으며 접시가 떨어지려고 하면 서로 도와주고 도움을 요청하고 문제 해결을 하려고 하였다.

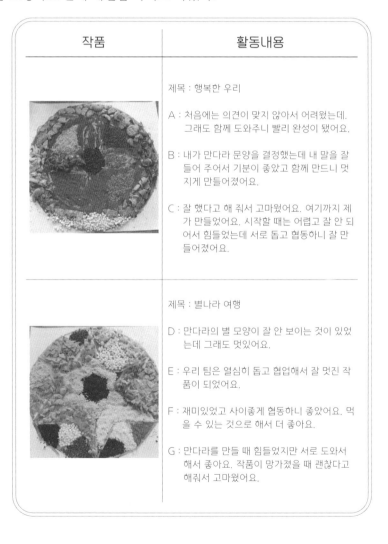

작품	활동내용
	제목 : 행복한 우리 A : 처음에는 의견이 맞지 않아서 어려웠는데, 그래도 함께 도와주니 빨리 완성이 됐어요. B : 내가 만다라 문양을 결정했는데 내 말을 잘 들어 주어서 기분이 좋았고 함께 만드니 멋지게 만들어졌어요. C : 잘 했다고 해 줘서 고마웠어요. 여기까지 제가 만들었어요. 시작할 때는 어렵고 잘 안 되어서 힘들었는데 서로 돕고 협동하니 잘 만들어졌어요.
	제목 : 별나라 여행 D : 만다라의 별 모양이 잘 안 보이는 것이 있었는데 그래도 멋있어요. E : 우리 팀은 열심히 돕고 협업해서 잘 멋진 작품이 되었어요. F : 재미있었고 사이좋게 협동하니 좋았어요. 먹을 수 있는 것으로 해서 더 좋아요. G : 만다라를 만들 때 힘들었지만 서로 도와서 해서 좋아요. 작품이 망가졌을 때 괜찮다고 해줘서 고마웠어요.

▶ 9회기 : 행복마을 미니파티

갈등 상황에서도 협업하는 연습을 하면서 미니파티를 준비하며 긍정
적인 표현과 사회성을 증진시키는 데 중점을 두었다.

대상	작품	활동내용
A		• 오늘은 친구들과 서로 의견을 나누고 작품을 만들어서 즐거운 시간이었어요.
B		• 서로 돕고 즐거운 마음으로 만들어서 좋아요. • 친구들과 함께 만들어서 뿌듯해요.
C		• 오늘은 다른 날보다 재료가 맛있는 것이 많아서 만든 것을 함께 나눠 먹으니 행복해요.
D		• A가 좋은 아이디어를 내 주었어요. 그래서 더 멋지게 완성된 것 같아요.
E		• 오늘은 친구들과 내 작품을 어떻게 만들면 좋을지 협상을 하니까 함께 작품을 만드는 게 더 좋았어요.
F		• 만들 때는 힘들었는데 만들고 나니 멋져 보여요.
G		• 저는 미니파티를 친구들을 초대했는데 작품이 모두 좋다고 해서 칭찬을 들으니 너무 뿌듯해요.

▸ 10회기 : 새로운 '나' 케이크 만들기로 만나요

프로그램 시작 전 마지막 수업이라는 소리를 듣고 많이 아쉬워하는 마음을 표현하였고 10회기는 변화된 자신의 모습을 스스로 정리하고 평가하였다.

대상	작품	활동내용
A		• 예전에는 칭찬을 안 했는데 이제는 칭찬도 잘 하게 되었어요. • 앞으로는 좋은 말과 행동을 열심히 하고 싶은 마음이에요.
B		• 지금은 회사에서 동료들과 친하게 지내고 사이도 좋아졌어요. • 성공 열쇠는 결석하지 않고 출석을 잘한 덕분에요.
C		• 프로그램 하기 전에는 다투는 일이 많았고 화나는 일도 많았는데 지금은 웃고 인사도 잘하고 사이좋게 지낼 수 있게 되었어요. • 성공 열쇠는 인사를 잘하는 습관이에요.
D		• 이제는 인사도 잘하고 말을 예쁘게 하고 칭찬을 잘하게 되었어요. • 성공 열쇠는 서로 돕고 즐겁게 했기 때문이에요.
E		• 프로그램 하기 전보다 무엇이든지 열심히 하고 친구들과 친해졌어요. • 성공 열쇠는 잘 웃는 마음이에요.
F		• 프로그램 하기 전에는 목소리가 작았는데 지금은 목소리가 커졌어요. • 성공 열쇠는 날마다 연습하는 것이에요.
G		• 예전에는 말을 하지 못했는데 지금은 인사도 잘하고 친구와 잘 어울리는 점이 좋아졌어요. • 성공 열쇠는 노력하려는 마음이에요.

푸드아트 테라피의 효과 ·············

푸드아트 테라피는 친숙하고 간단한 식품으로 마음과 손길 닿는 대로 순간적인 작품 활동이 가능하고 전문적인 지식이 많지 않아도 짧은 시간 안에 작품을 완성하고 만족한 경험을 제공한다. 식품이 지닌 색채 에너지와 생명 에너지는 오감을 자극하고, 마음 깊은 내면에 숨겨진 자신의 마음을 예술작품으로 자연스럽게 완성시킨다. 무의식적으로 표출된 시각화된 자신의 예술작품을 보며 자신이 처한 상황을 이해할 수 있게 되고 때로는 억압된 감정을 표출하기도 한다.

작품에 담긴 의미를 함께 다루어가며, 자신과 세상을 긍정적으로 바라보는 안목을 갖게 된다. 이때 작품으로 드러난 가시화된 증상이나 문제점은 새로운 관점에서 재구성하도록 도움으로써 인지, 정서, 행동의 변화를 만들고 자신의 문제를 스스로 해결해 갈 수 있는 자신감을 얻을 수 있다(김혜진, 2009).

푸드아트 테라피에서는 잘못된 신념을 다룰 때, 인지적 통찰과 직관적인 경험이 부적응이나 갈등을 해결하도록 이끌어가기 때문에, 나 자신이 문제를 어떻게 규정하고 있는가에 더 초점을 둔다(이정연, 2006).

▶ 자기효능감 향상

개인의 인지, 정서, 행동에 동시적으로 변화를 가져와 다른 삶의 영역에서도 활기 있게 참여하고 추진하는 계기를 마련한다. 함께 형성해나가는 활기가 궁극적으로 개개인의 자기효능감을 증진하여 자기 치유로 나아가게 한다.

- 내담자 스스로 창의적인 작품을 만들고 의미 부여한다.
- 심리적으로 즐거움과 해빙감을 경험한다.
- 위축된 잠재력을 신장시키는 다양한 활동을 한다.
- 작은 일에서의 작은 성공의 경험이 자기효능감을 증진한다.
- 짧은 기간에 작품을 만들고 해체하고 재구성하는 과정을 거치면서 다른 치료에 비해 자기효능감의 변화 정도가 상대적으로 높다.

- 개인의 치유에 초점을 두는 것이 아닌 집단의 상호작용 자체가 지니는 건강성을 인정하고 창의적인 생각이 형성되어 개인의 효능감을 증진시킨다.

너와 내가 하나의 생태계에 속해 있음을 인정하고 모든 생명체는 자연의 열매로써 동일한 가치를 지니며 또 다른 나의 모습이라고 생각하게 되면 상대방을 적으로 여기거나 다툴 필요가 없어진다. 동양정신에서 너와 내가 한 뿌리임을 수용하는 일체감을 통하여 대긍정의 세계로 나아간다. 이보다 더 나은 심리치료 방법은 없을 것이다.

- 창의적인 놀이와 예술 활동을 통해 내면세계를 표현하고
- 집단활동을 통해 상호 협력관계를 유지하며
- 긍정적인 사고로 전환한다.

▶ 푸드아트 테라피의 대상

1. 아동, 청소년, 장년층, 노인

인위적인 학습과정에서 메마르기 쉬운 감수성을 회복하는 과정이 전인적인 발달에 필수적이다. 단지 재료가 아닌 생명체들 간의 교감, 친밀감을 느끼게 하여 닫힌 마음을 치유하는 도구로서의 역할을 한다.

- 과일 만지기, 소금 뿌리기, 채소 썰기 등
- 대파, 토마토 등 자연스러운 색채

2. 환자

자연이 빚은 식품으로 예술 활동을 하고 음식을 만들어 먹는 경험으로 인간의 순환과 연결성을 확인한다.

- 오랜 기간 투병 생활을 해야 하는 환자들에게 적용하기 좋은 프로그램이다.
- 일상생활에서 생명 에너지를 가까이하는 것이 바람직하다.
- 환자와 가족원이 간단한 재료로 창의적인 활동에 몰입할 수 있다.
- 즉각적인 즐거움과 활기를 함께 경험한다.

궁극적으로 푸드아트 테라피는 자아 찾기, 자아초월 그리고 대긍정에 이르도록 하는 심리치료이다.

사례 1. 여중생 개인상담

여중생 집단상담 때 유난히 말이 없고 자기표현을 하지 않아 담임선생님도 학생의 속마음을 알 수 없어 학교생활이 힘든 학생을 대상으로 푸드아트 테라피를 진행하였다.

푸드아트 작품을 만들어가는 과정 중에 조금씩 마음을 열기 시작했고, 자신의 이야기를 털어놓는다. 그리고 비밀을 지켜달라는 말까지 하게 되었다.

그 말을 하는 아이의 표정에서 더 이상 마음속의 아픔은 사라진 듯했다. 마지막 수업을 마치고 과정을 정리하고 나가는데 교실 밖에서 기다리고 있던 학생이 선생님 언제 또 만날 수 있어요라며 감사하다고 하는데 마음이 울컥해 가만히 안아주었더니 나를 꼬옥 안는다.

사례 2. 갱년기 중년여성을 위한 우울증개선

갱년기 중년여성을 위한 우울증개선이라는 주제로 8회기 수업을 진행하였다. 집단 중의 50대 여성은 어린 나이에 결혼을 해서 남편의 폭력에 시달리면서 자식 때문에 참고 살았다. 누구에게도 가정폭력의 이야기를 하지 못하고 참고 살면서 우울증에 시달리게 되었다.

푸드아트 테라피 수업을 통해 자신의 속마음을 이야기하고 집단 구성원들이 서로 위로해주고 공감해 주는 분위기 덕분에 위로를 많이 받았고 앞으로의 삶의 방향을 설정하게 되어 감사하다는 이야기를 전한다.

집단구성원들은 자신의 일처럼 용기내라고 큰 박수롤 쳐주고 자신들의 삶의 방향 또한 재정비해야겠다며 누구랄 것도 없이 모두 기뻐하며 상담을 마치게 되었다.

사례 3. 60세 이상 취약계층 독거남들의 이야기

우리 사회가 어느덧 초고령 사회로 진입하면서 홀로 사는 노인 가구가 급증하고 있다. 홀로사는 노인 가구의 고독사 문제 또한 심각한 사회 문제로 대두되고 있다.

60세 이상 혼자 사는 남자들 중에 취약계층대상으로 프로그램을 진행하였다. 대화 상대도 없다보니 우울감 해소와 정서적 안정을 주기 위한 목적이다.

독거남들의 특별한 만남이라는 주제로 10회기 푸드아트 테라피 프로그램을 진행하는 동안 정성을 다해 작품을 만들고 자신의 작품을 발표하는 과정에서 세상에 태어나 이런 멋진 경험은 처음이라고 했을 때 보람되고 행복해했던 기억이 난다.

사례 4. 푸드아트 오감 테라피 성인 지적장애인 프로그램

첫 시간부터 소리 지르고 싸우고 다투고 삐져서 수업 안 한다고 문 쾅 닫고 나가고 정신이 없다. 참으로 대략 난감한 상황들이 발생했다.

15회기 중 5회기까지는 그야말로 이 프로그램을 끝까지 진행할 수 있을까 하는 걱정이 앞섰다. 6회기부터 대상자들의 행동이 조금씩 달라지기 시작했다. 푸드아트 테라피를 즐기며 행복해하는 모습도 보였다. 10회기부터는 편안하고 평화로운 분위기 속에서 적극적으로 참여하는 모습까지도 보였다. 이게 푸드아트 테라피의 매력이다. 오히려 내가 더 행복한 시간이었다.

사람들에게 음식은 친숙한 단어이다. 특히 한국사람들에게는 음식과 건강은 엄마의 마음이고 사랑이다.

푸드아트 테라피는 자신의 마음이나 감정 상태를 편안하고 자연스럽게 표현하는 과정이다. 누구에게나 친숙한 물질이기에 자신의 감정을 자유롭게 표현하고 자신의 작품을 통해 인간관계 속에서 자신의 내면을 들여다볼 수 있는 장점이 있는 멋진 도구이다.

현대사회는 일상생활 속에서 문화와 예술을 만나는 재미있는 공간이다. 주위에 있는 식재료로 자신의 내면세계를 표현하는데 부족함이 없으며 손으로 만지고 눈으로 보고 냄새를 맡는 자체만으로도 오감을 자극하고 누구나 쉽게 작품을 형상화하고 자신의 감정을 표현한다.

작품을 만들어가는 과정 속에서 예방과 치유의 놀라운 일들이 자연스럽게 일어난다. 푸드아트 테라피는 남녀노소 한계가 없으며 누구에게나 부담 없이 작업하다 보면 어느 순간에 자신의 내면을 들여다보는 순간을 경험하게 된다.

전망이 좋은 직업, 푸드아트 심리상담사

바쁜 현대사회에서 '쉼'이라고 표현을 하는 매체를 하나씩은 누구에게나 있다.

어떤 이에게는 쉼과 휴식이고 어떤 이에게는 여행, 어떤 이에게는 영화 감상과 운동일 수도 있다. 그중에 제일은 먹는 음식이라고 생각한다. 삶에 있어 중요한 것이 의식주라고 말하는 것처럼 일상에서 음식은 희로애락을 표현한다.

사람들이 안정감과 편안함을 느끼는 데 있어서 요리가 차지하는 위치는 대단하다. 배가 부르면서 편안함을 느끼고 긴장도 풀리기 때문이다. 그래서인지 음식을 만드는 식재료를 이용한 푸드아트 테라피가 최근 급부상하고 있는 직업이다.

취득 가능한 여러가지 자격증 중에 하나로, 푸드아트 심리상담사 과정에서 푸드아트 테라피에 대해서 배울 수 있다. 약간 생소한 영역이지만 그만큼 개척할 수 있는 영역이 넓은 것이 푸드아트 테라피이다.

푸드아트 테라피는 음식재료를 도구로 예술활동을 하면서 심리치료를 하는 것을 말한다. 일상에서 먹을 수 있는 익숙한 음식 재료를 보고 만지고 냄새도 맡고 여러 사람들과 어우러져 함께 만들고 오손도손 이야기를 나누는 과정을 경험하게 함으로써 정서적으로 마음의 안정을 찾을 수 있다.

푸드아트 테라피 프로그램을 통해서 식재료들을 직접 만져보고 그 식재료들이 갖고 있는 자연스러운 색감과 촉감들에 자극을 받아 어린아이부터 성인에 이르기까지 심리상담에서 아주 긍정적인 비언어적인 상담으로 사용되고 있다.

이렇게 푸드아트 테라피를 하는 사람들을 푸드아트 심리상담사라고 한다. 푸드아트 심리상담사가 되기 위해서는 푸드아트 테라피 과정을 전공하는 방법이 있다. 푸드아트 테라피 과정이 있는 대학이나 민간 교육기관에서 필요한 과정을 수료하고 실무 경험을 쌓는 과정을 통해서 이룰 수 있다.

푸드아트 심리상담사는 음식을 디자인해서 풀어내는 과정으로 색감과 창의적인 디자인을 제대로 살리는 법과 음식재료와 식재료들을 다루고 심도 깊게 배울 수 있는 교육장을 선정하여 자격과정을 이수하면 된다.

푸드아트 심리상담사는 민간자격증 취득이 가능하고, 1급, 2급, 3급으로 구분되어 있다. 푸드아트 테라피를 배울 수 있는 대상은 남녀노소 누구나 뜻만 있으면 가능하고 푸드아트 심리상담사 응시자격에도 크게 제한이 없으므로 푸드아트 테라피를 꿈꾸신다면 지금 바로 시작하세요.

TIP *강사코칭 4*

시선 처리
- 유능한 강사가 되고 싶다면 여러분의 시선에 청중 한 사람을 향한 관심을 보여라.
- 각 개인에게 시선을 번갈아 두면서 2초 또는 3초간 정지하라.
- 좋은 시선 처리는 청중을 응시하는 것이 아니라, 청중의 눈을 진지하게 보는 것이다.

표정
- 청중은 강사의 표정에 의해 이야기의 많은 부분을 판단한다.
- 이야기와 가장 어울리는 표정을 지을 때 이야기는 효과적이 될 것이다.
- 어떤 표정이 가장 적절한지 사전에 결정해서 기억할 필요는 없다. 단순히 여러분의 이야기를 느끼고, 몰입하면 자연스럽게 표정이 지어질 것이다.

대표

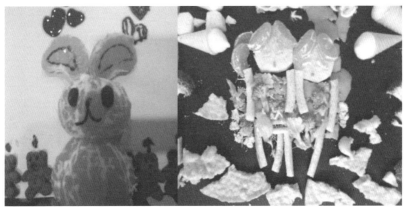

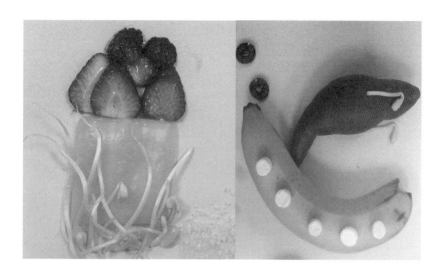

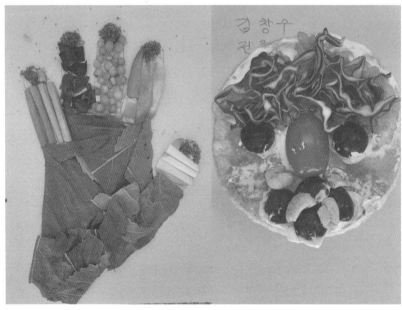

IV 원예 테라피 - 마을정원 가꾸기

한미경

amore-jeju@naver.com | blog.naver.com/amore-jeju

- · 꿈키움고찌허게교육원 대표
- · 고찌허게북스 출판사 대표
- · 제주문화연구가
- · 저서 「오늘도 안녕하신지요?(이지출판)」, 「마음을 치유하는 놀이(유페이퍼)」

제주에서 힐링과 성장을 하며 제주 자연을 눈으로 보고 마음에 담는다. 책과 운동으로 몸과 마음에 건강을 담는다. 그리고 사랑을 한다.

원예는 인간이 생활하는 공간에서 녹색식물을 곁에 두고 감상하는 목적으로 이루어지는 활동이다. 생활공간은 인간이 하루의 일상을 보내는 장소로 가정, 직장, 휴식장소 등이 모두 여기에 속한다. 원예는 일상의 공간 속에서 식물을 기르면서 즐기는 일이다. 이러한 생활은 우리의 삶을 더욱 풍요롭게 해 준다.

기르는 원예활동

원예란?

빠르게 변화하는 현대 사회에서 개인에게 다가오는 여러 가지 위기에 대한 두려움은 누구에게나 있다. 현대사회를 살아가는 개인 한 사람 한 사람이 겪는 생활 가운데 찾아오는 스트레스가 크다는 것이다. 이러한 시대 속에서 개인 스스로가 살아가기 위한 심리적 지원으로 원예활동을 함으로써 자연이 주는 편안함으로 예방과 치료, 복지가 이루어진다. 웰빙(Well-being)은 잘 먹고 잘 사는 것이 화두인 세상을 살면서 환경에 따라 마음도 변하고 마음 가는 길 따라서 폼도 변해간다. 아름답고 편안한 자연은 우리 인간들의 삶의 질을 높여 주고 식물에서 전달되는 힘은 정신적이고 육체적인 건강을 유지하는 데 중요한 역할을 한다.

우리 주변의 생활 속에서 식물을 이용한 원예활동에 대한 관심이 매우 높아지고 있다. 원예는 인간이 생활하는 공간에서 녹색식물을 곁에 두고 감상하는 목적으로 이루어지는 활동이다. 생활공간은 인간이 하루의 일상을 보내는 장소로 가정, 직장, 휴식장소 등이 모두 여기에 속한다. 원예는 일상의 공간 속에서 식물을 기르면서 즐기는 일이다. 이러한 생활은 우리의 삶을 더욱 풍요롭게 해준다.

원예치료는 '원예'와 '치료'의 합성어이다. 원예는 인간에게 친근하고 익숙한 자연을 가지고 오감을 경험하는 특징이 있다. 원예치료란 식물 또는 식물을 이용한 여러 가지 활동을 통하여 사람의 정신과 신체의 적용을 개선 혹은 유지시키는 활동이다.

원예치료는 심리적 치료뿐 아니라 사회적 측면 및 우리 생활의 전반적인 측면에서의 삶의 질을 향상시킬 수 있도록 다가갈 수 있다는 것과 특히 문제 발생 이후가 아닌 '예방'의 차원에서 접근할 수 있는 활동으로 정의할 수 있다.

원예치료에는 어떤 식물도 사용이 가능하지만 그 범위가 활동에 국한되어야 한다. 원예치료에서 프로그램으로 이용할 수 있는 원예활동은 기르는 것(파종, 삽목, 채소 파종, 모종 이식, 수경재배 등), 꾸미는 것(숯부작, 테라리움, 토피어리, 꽃바구니, 리스 등), 느끼기를 하는 것(감상, 정원 산책, 허브차 즐기기 등), 기르기, 꾸미기, 감상을 제외한 요리, 식물과 관련된 공부, 소풍 등이 있다.

냅킨을 이용한 걸이화분 ⸱⸱⸱⸱⸱⸱⸱⸱⸱

걸이화분은 잎 모양과 색이 특이하거나 줄기가 아래로 내려오면서 화분을 감싸는 덩굴성 식물을 공중에 걸어 입체적으로 식물을 감상하는 방법으로, 잎에 무늬가 있는 식물 등을 이용하면 아름다움을 더욱 즐길 수 있다. 걸이화분으로 적합한 식물로는 임파치 엘스, 제라늄, 팬지, 스킨답서스, 아이비, 제브리나 등이 있다.

▸ 냅킨아트

그림이 그려진 냅킨을 오려 붙여서 가구나 소품을 장식하는 일이다. 원래는 '데코파주'라는 큰 범주에 속한 기법이었는데 최근 냅킨아트로 분리되어 날로 인기가 상승하고 있다. 냅킨아트는 원목, 금속, 유리, 원단 등 다양한 소재에 접착이 가능하여 그림에 자신이 없는 사람도 냅킨에 그려진 에쁜 그림을 내가 그린 것처럼 연출을 할 수 있다는 것이 가장 큰 장점이다.

재료

화분, 상토, 마사토, 끈, 식물, 냅킨, 제소, 아크릴물감, 붓, 스펀지, 바니시, 드라이기, 붓, 딱풀 등

방법

1) 해당 용기에 젯소를 발라 드라이기로 말린다.
2) 냅킨을 골라 어떤 모양으로 붙일지 구상한다.
3) 딱풀로 용기에 풀칠을 하고 냅킨을 붙여 스펀지를 꼼꼼히 누르면서 붙여준다.
4) 바니시를 발라 드라이기로 말린다. 두 번 반복한다.
5) 잘 만들어진 용기에 배수판을 낄고 마사토로 덮는다.
6) 상토로 마사토를 덮는다.
7) 식물을 넣고 상토로 채워 넣는다.
8) 마사토로 상토가 보이지 않도록 덮는다.
9) 꾸밈재료로 마무리한다.

관리하기

공중에 매달려 있는 식물은 건조해지기 쉬우므로 관수를 자주 해야 하는데, 특히 빛이 많이 드는 창가에 위치한 식물은 주위의 온도가 높아 뿌리보다 잎이 빨리 마르게 되므로 분무기로 물을 자주 뿌려 준다. 화분에 물이 고인 경우에는 물을 제거하여 뿌리가 썩지 않도록 주의한다.

디쉬가든

▸ **식물의 선택**

성격에 따라 초본류, 목본류 등의 식물이 필요하다. 식물 선택 시에는 디쉬가든의 특성상 한 용기에 여러 식물이 조화를 이뤄 배치되어야 하기 때문에 생육 습성이 비슷한 것을 선택하는 것이 바람직하다. 따라서 광, 습도, 배양토, 비료 등을 고려하고 용기와 어울리는지도 고려해야 한다.

재료

식물, 상토, 마사토, 용기, 라벨, 네임펜, 이끼, 꾸밈 재료 등

방법

1) 준비된 식물의 특징에 대해 이야기 나눈다.
2) 식물을 어떻게 배치할 것인지 생각해 본다.
3) 준비된 용기에 배수판을 넣는다.
4) 마사토로 바닥을 채운다.
5) 상토로 마사토를 덮는다.
6) 식물을 포트에서 꺼내 미리 생각했던 위치에 놓는다.
7) 식물의 뿌리가 보이지 않도록 상토로 덮는다.
8) 마사토, 색돌, 이끼 등을 덮는다.
9) 꾸밈 재료를 이용하여 마무리한다.

관리하기

디쉬가든에 심어진 식물은 공기에 노출되는 부분이 많아 수분의 증발이 활발하므로 자주 관수해야 하지만, 배수 구멍이 없기 때문에 지나친 관수는 뿌리가 썩는 원인이 된다. 관수 시에는 분무기를 이용하여 잎에 수분을 제공한다.

다육(선인장)모아심기

▸ 선인장

대부분의 선인장은 잎 대신에 가시를 갖고 있으며, 줄기는 구형, 편원형, 원통형으로 보유할 수 있도록 되어 있으며, 오랜 건조에도 견딜 수 있다. 또한 선인장 표면은 보통 식물과는 다른 독특한 형태를 이루고 있다. 이들은 조직 내에 깊은 주름이 있는 것들이 많은데, 이 주름은 복사열로 인해 체온이 올라가지 않도록 체온을 조절하는 역할을 했다고 한다.

이들 식물의 광합성 특징은 주간에는 기공을 닫으므로 이산화탄소의 이동이 거의 없고, 야간에만 기공을 열어 이산화탄소를 흡수한다. 이러한 패턴이 있는 식물을 CAM 식물이라고 한다. 이러한 식물은 일반 식물과 달리 야간에 이산화탄소를 흡수하는 광합성 패턴이 진행되기 때문에 일반 관엽식물과 함께 두면 서로 주, 야간에 이산화탄소 상쇄 작용을 하여 실내공기를 신선하게 유지하는 데 도움이 된다.

재료

선인장(다육), 마사토, 토분(기타 화분), 배구판, 일회용 숟가락, 라벨, 네임펜, 꾸밈 재료 등

방법

1) 마음에 드는 선인장(다육)을 선택한다.
2) 화분에 배수판을 놓는다.
3) 마사토를 화분의 1/3 정도 채운다.
4) 선택한 선인장(다육)을 어떤 구도로 배치할 것인지를 생각해 본다.
5) 배치하고 상토로 선인장이 쓰러지지 않도록 심는다.
6) 마사토를 이용하여 사막의 분위기를 표현한다.
7) 각종 꾸밈 재료로 분위기를 더한다.
8) 라벨에 자신이 만든 작품의 이름을 적는다.

관리하기

봄에서 가을까지 온난한 기후에서 재배하며, 겨울에는 가장 햇볕이 많이 드는 장소에 둔다. 봄에는 관수량을 줄이고, 늦은 봄부터 늦여름까지는 분 표면이 말랐을 때 실내에서 키우는 다른 식물들과 같은 관수량으로 관수하며, 분무는 하지 않는다. 늦여름 이후부터 관수량을 줄여 거의 건조한 상태로 둔다.

테라리움

라틴어의 terra(땅)와 arium(용기)의 합성어로, 투명한 유리용기 내에 식물을 꾸미고 가꾸는 것을 말한다. 즉 뿌리에서 빨아올린 물이 식물의 기공을 통해 배출되면 유리벽에 물방울로 되어 있다가 떨어져 다시 뿌리로 흡수된다. 낮에는 잎에서 탄소동화작용에 의하여 탄산가스를 흡수하고 산소를 내뿜으며, 밤에는 호흡작용으로 산소를 흡수하고 탄산가스를 내뿜는 산소의 순환으로 지탱하는 것이다.

▶ 테라리움 역사

1829년 런던의 내과 의사가 밀폐된 용기 속에 흙을 담아 두고 나방과 나비의 유충에 관한 연구를 하던 중 그 당시 외부환경에서 생육할 수 없는 양치류 식물들이 용기 속에서 자라는 것에 의문을 갖고 연구를 시작한 데서부터 유래하였다.

이와 같이 물의 순환과 산소의 순환이 용기 자체 내에서 이루어져 특별히 관수에 신경을 쓰지 않아도 되므로 관리하는 데 많은 시간이 필요하지 않다는 장점이 있다.

테라리움에 적합한 용기

투명한 유리 또는 플라스틱제 용기로 용도에 따라 공기의 유통을 차단시킨 밀폐식 용기와 공기유통이 되는 개폐식 용기를 선택한다.

- 광선의 투과가 유리한 용기
- 식물 생장에 필요한 토양을 넣을 수 있고 지탱할 수 있는 용기
- 식물 생장에 필요한 공간, 공기, 수분을 갖출 수 있는 용기

관리하기

식물이 너무 빨리 생장하면 곤란하므로 생육 속도가 빠르지 않고 좁은 용기에 식재가 가능한 식물을 선정한다.

테라리움은 용기가 투명하여 밀폐시킨 용기를 직사광선에 노출시키면 용기 내 온도의 급상승으로 식물이 고사하거나 일소 현상이 생기므로 주의해야 한다. 제작 초기에는 식물이 활착할 때까지 음지에 두었다가 완전히 활착한 후에 광선에 노출시킨다.

하이드로볼을 이용한 수경재배 ·················

  수경재배는 흙을 사용하지 않고 배수 구멍이 없는 용기에 물을 이용해 재배하기 때문에 간편하고 청결하게 재배할 수 있다. 투명한 용기를 사용하면 뿌리가 자라는 상태를 관찰하면서 뿌리의 아름다움을 관상할 수 있는 장점도 있다.

  수경재배가 가능한 식물로는 아디안텀, 푸밀라, 스파티필름, 아이비, 테이블야자 등이 있다.

하이드로 볼 수경재배의 장점

- 하이드로 볼은 800℃ 전후의 온도에서 진흙 점토를 구운 것으로 다공질이다.
- 흙을 사용하는 화분재배와 비교했을 때 식물의 생육이 비슷하다.
- 하이드로 볼은 흙과 달리 건조해도 먼지가 발생하지 않아 실내에 두기 적합하다.
- 투명용기를 사용하면 분 내의 수분 정도를 육안으로 확인할 수 있어 재배가 쉽다.

재료

하이드로 볼, 식물, 숟가락, 유리용기, 네임텍 등

방법

1) 재료를 나누어 준다.
2) 식물의 특징을 설명하고 관찰하도록 한다.
3) 분에서 식물을 꺼내 뿌리가 다치지 않도록 흙을 털어낸다.
4) 물에 3)을 깨끗이 씻는다.
5) 하이드로 볼을 깨끗이 씻는다.
6) 숟가락을 이용하여 준비된 용기의 1/3만큼 하이드로 볼을 넣는다.
7) 깨끗이 씻은 식물을 용기에 넣는다.
8) 뿌리가 보이지 않도록 하이드로 볼을 담고 숟가락 뒷부분으로 빈 공간이 없는지 확인하고 마무리한다.

관리하기

수경재배는 뿌리 있는 쪽에 물이 고일 정도로 유지시켜주고 물이 깨끗하지 못할 때
는 흐르는 물에 물을 흘려보내고 물갈이를 해준다. 하이드로 볼 표면에 녹조현상이
있을 경우 물에 깨끗이 씻어서 재사용이 가능하다.

수경재배에 적합한 식물

싱고늄, 개운죽, 아이비, 연화죽 등

스파티필름을 이용한 수경재배

빛이 지나치게 부족하면 웃자라거나 초세가 흐트러지기 때문에 어느 정도의 빛이 요구된다. 증산량이 높아 실내 온열 환경을 조절하는데 꼭 필요한 식물로 실내 오존 제거율이 탁월하며, 알코올, 아세톤, 벤젠, 이산화황 등의 제거에도 효과적이다. 광이 부족하면 꽃이 피지 않는다.

재료

색동, 식물, 숟가락, 유리용기, 네임텍 등

방법

1) 재료를 나누어 준다.
2) 식물의 특징을 설명하고 관찰하도록 한다.
3) 분에서 식물을 꺼내 뿌리가 다치지 않도록 흙을 털어낸다.
4) 물에 3)을 깨끗이 씻는다.
5) 숟가락을 이용하여 준비된 용기의 1/3만큼 색을 켜켜이 넣는다(섞어서 넣거나 지그재그 넣거나 끌리는 대로 넣어도 무방하다).
6) 깨끗이 씻은 식물을 용기에 넣는다.
7) 뿌리가 보이지 않도록 색들을 담고 숟가락 뒷부분으로 빈 공간이 없는지 확인하고 마무리한다.

관리하기

- 물을 4~5일에 한 번 정도로 보충해 주는데, 개운 죽의 첫째 마디만 덮을 정도로 채운다(그 이상 높이로 물이 있으면 물 높이까지 실뿌리가 나와 미관상 보기 싫음).
- 직사광선은 피한다.

포인세티아 심기

멕시코가 원산지이며, 키는 50~100cm에 이르고, 위에서 가지가 갈라지며, 줄기 끝에 달리는 잎은 방사상으로 돌려나는데, 양 끝이 좁고, 가장자리가 물결 모양이거나 얕게 갈라져 있다. 꽃 가까이의 잎은 아름다운 주홍색을 띠며, 겨울에 줄기 끝에 황록색의 작은 꽃이 핀다.

미국과 유럽에서 포인세티아를 이용하게 된 것은 19세기 후반으로, 마귀를 피한다는 의미를 가진 적색을 크리스마스에 장식하는 풍습과 함께 유래되었다.

포인세티아의 꽃말은 축하, 축복으로 일장이 짧아지고 온도가 내려가면 포엽이 아름답게 착색되어 관상 가치를 갖게 된다.

관리하기

• 겨울꽃이라는 선입견과 달리 아열대 원산의 포인세티아는 추위에 약한 식물로, 잎이 시들기 시작하면 즉시 관수하며, 특히 여름철에는 관수를 충분히 한다.

• 개화기 동안에는 잎에 충분히 분무해 주는 것이 좋다.

꾸미기를 활용한 원예 테라피

숯 분경

숯은 숯가마에서 나무를 탄화시켜 만들어 낸 연료로 목탄이라고도 한다. 숯은 숯가마를 이용하지 않더라도 만들 수 있지만 공기가 차단된 숯가마에서 구워낸다.

우리 민족은 옛적부터 숯불을 이용해 온 목탄 문화를 형성하기도 하였다. 숯은 얻은 불씨를 계속 보관하는 재료였을 뿐만 아니라 방취, 방독, 절연, 원예 등에도 사용하였다.

숯은 더러운 것을 제거하고 깨끗하게 하는 기능을 가졌다. 또한 숯은 전자파를 막기도 하며, 인테리어로도 손색이 없다.

숯의 효능은 천연 지사제, 독소 배출, 염증 제거 등이 있다.

재료

실내식물, 숯, 배양토, 마사토, 수태, 흑돌, 숟가락, 꾸밈 재료 등

방법

1) 용기의 바닥에 숯을 글루건으로 붙인다.
2) 마사토를 깐다.
3) 포트의 식물을 꺼내어 약간의 흙을 덜어낸다.
4) 2)의 식물을 배치하여 상토로 잘 심는다.
5) 흙을 손으로 눌러 다지게 하고 그 위의 수태를 얇게 깔아준다.
6) 색깔 돌로 장식한다.
7) 라벨에 식물 이름과 날짜를 적는다.

관리하기

• 식물의 생육환경과 재배 관리 요령을 말해준다.
• 숯 대신 여러 개의 돌(자연석)을 이용한다.

꽃꽂이

화초나 나뭇가지를 꽃병, 수반 등의 화기(花器)에 담아 아름답게 꾸미는 것을 말한다. 보통 화훼로 장식하기 위해 많이 쓰인다.

꽃꽂이를 할 때 필요 없는 부분을 잘라내는 과정으로 주로 가위가 사용되나 딱딱한 소재를 자를 때 톱, 칼 등이 사용되기도 한다. 딱딱한 나뭇가지는 끝을 뾰족하게 사선으로 자르고, 꽃잎이나 꽃과 같이 연약한 소재는 수직이 되게 자른다. 작품 구상에 따라 필요 없는 잎과 가지를 잘라낸다. 원하는 곡선을 만들고 싶을 때 철사를 사용하기도 한다.

원시인들은 보통 자기들의 부족을 상징하는 꽃을 꽂거나 거처에 꽃으로 장식을 하기도 했다.

재료

화분(화병), 수반, 침봉, 플로라폼, 가위, 계절에 맞는 꽃, 리본 분무기 등

방법

1) 플로랄폼을 물에 담근 후 화분(화병)에 고정시킨다.
2) 꽃을 나누어 준다.
3) 꽃에 대한 추억을 나누는 시간을 갖는다.
4) 중심이 되는 꽃 한 개를 화분(화병)의 2배보다 약간 길게 자른 후 플로랄폼 중앙에 꽂는다. (자아존중감)
5) 주변에 울타리가 될 만한 식물을 주변에 꽂는다.
6) 울타리 꽃과 중앙의 꽃 사이에 다른 꽃을 꽂는다.
7) 리본을 묶어 마무리한다.
8) 작품을 소개하는 시간을 갖는다.

관리하기

• 물오름을 원활하게 해준다.

• 물오름을 좋게하려면 끝을 불에 태우거나 뜨거운 물 속에 담가두었다가 사용한
  다. 자를 때 물속에서 자르는 것은 필수이다.

사탕바구니

사탕은 설탕이나 엿 따위를 끓였다가 식혀서 여러 가지 모양을 굳힌 것으로 달콤함을 선물한다. 특별한 날에 다양한 사랑하는 사람, 고마운 사람, 가족에게 선물할 수 있다. 꼭 특별한 날이 아니라도 사탕과 함께 진심을 전달할 수 있다.

재료

바구니, 플로랄 폼, 스타티세, 노무라, 막대사탕, 가위, 리본 등

방법

1) 플로랄 폼을 물에 담근 후 꺼내어 바구니에 담는다.
2) 스타티세를 준비한 막대 사탕길이와 비슷하게 자른다.
3) 플로랄 폼에 사방으로 골고루 꽂는다.
4) 준비한 사탕을 스타티세 사이 사이에 꽂는다.
5) 그 외 빈 공간을 노무라로 채운다.
6) 리본으로 바구니 손잡이 한쪽을 장식한다.

▶ 스타티세

꽃의 개화는 여름부터 가을까지이고, 화색은 분홍, 보라색, 황색 흰색 등 파스텔톤의 여러 가지 색상이 있다. 꽃갯질경이라고도 하는 다년생 초본식물이다. 구입은 연중 가능하다.
건조하였을 때 꽃의 색깔이 변색되지 않기 때문에 건조화로도 많이 이용된다. 안개꽃과 같이 배경화로 많이 사용되는 절화이다.

▶ 노무라

잎의 모양이 소담스러워 꽃바구니, 꽃꽂이 등에 사용된다.
진녹색의 잎이 다소 작으면서도 강해 어느 소재와도 잘 어울린다.

▶ 기타 꽃

다양한 꽃들을 이용해서 사탕바구니를 꾸밀 수 있다.

꽃들을 제외해서 사탕만으로도 아래 사진과 같이 사탕바구니를 꾸밀
수 있다.

리스만들기

리스는 영어로 Wreath, 우리말로는 화환을 의미한다. 처음과 끝이 없는 영원성을 상징하고 리스에서 주로 많이 사용하는 상록수들은 영원한 삶을 상징하고 인생의 재탄생이라는 윤회사상도 포함되어 있어 장례식에도 많이 사용한다.

서양에서 크리스마스리스를 현관이나 방문에 걸어 악령, 악귀를 물리치고 행운을 가져다 준다는 의미로 사용하였다. 원래 병을 치료하거나 액운을 막고 행운을 가져다주는 나뭇가지인 기생목을 사용해 리스를 만들어 출입문에 달아놓고, 들어오는 사람에게 행운을 기원하는 것에서 유래했다. 흡사 우리나라에서 복조리를 걸어두고 행운을 기원하는 것과 비슷하다.

또 다른 의미로는 추운 겨울을 푸르름으로 이겨내라는 염원도 담겨 있다. 리스가 나타내는 것이 생명의 순환, 승리, 지배, 성취, 태양, 광명, 추위를 이겨내는 힘을 상징한다.

▸ 조화를 이용한 리스 만들기

재료

리스용 와이어, 리본, 각종 꽃, 가위, 글루건 등

방법

1) 재료를 나누어 준다.
2) 와이어에 리본을 감는다.
3) 주어진 꽃들을 크기에 맞게 자른다.
4) 구성을 한다.
5) 갖가지 꽃들을 글루건으로 붙인다.
6) 다른 리본으로 마무리를 한다.
7) 화관(리스)를 보면서 든 생각을 함께 나눈다.

▶ 솔방울을 이용한 리스 만들기

재료

솔방울, 아크릴물감, 붓, 글루건, 골판지 리스, 리본, 꾸밈 재료 등

방법

1) 재료를 나누어 준다.
2) 솔방울에 아크릴물감으로 색칠을 한다.
3) 드라이기로 말린다.
4) 골판지에 리본을 감는다.
5) 잘 말린 솔방울에 꾸밈 재료를 이용하여 꾸민다.
6) 솔방울을 원하는 위치에 붙인다.
7) 나머지 꾸밈 재료를 붙여 마무리한다.

냅킨아트 화장품정리함 만들기

▶ 냅킨아트

그림이 그려진 냅킨을 오려 붙여서 가구나 소품을 장식하는 일이다. 원래는 '데코파주'라는 큰 범주에 속한 기법이었는데 최근 냅킨아트로 분리되어 날로 인기가 상승하고 있다. 냅킨아트는 원목, 금속, 유리, 원단 등 다양한 소재에 접착이 가능하여 그림에 자신이 없는 사람도 냅킨에 그려진 예쁜 그림을 내가 그린 것처럼 연출을 할 수 있다는 것이 가장 큰 장점이다.

페트병, 유리병, 원목, 옷, 가방에도 모두 가능한 만능아트이다.

재료

화장품 정리함, 냅킨, 젯소, 바니시, 붓, 드라이기, 아크릴물감, 딱풀 등

방법

1) 화장품정리함에 젯소를 바른다. 하얀 바탕이 냅킨의 아름다움을 최대로 끌어올릴 수 있다.
2) 드라이기로 말린다. 두 번 정도 발라주는 것이 좋다.
3) 세 장으로 붙어있는 냅킨을 그림 쪽을 남겨두고 떼어낸다.
4) 그림이 투명하게 보인다.
5) 원하는 그림을 오린다.
6) 화장품 정리함에 풀을 붙여 냅킨을 붙인다.
7) 바니시(광택제)를 발라 드라이기로 말린다. 이 과정도 2번 하는 것이 광택이 더 살아난다.

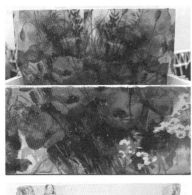 

토피어리

식물을 인공적으로 다듬어 여러 가지 모형으로 만든 작품 또는 인공적으로 다듬거나 자르는 기술(예술)을 말하는 것으로, 로마 시대 한 정원사가 자신의 정원에 있는 나무에 '가다듬는다'는 뜻의 라틴어 이니셜 토피아(topia)를 새겨 넣은 데서 유래하였다.

토피어리는 17~18세기에 유럽에서 유행하였고, 20세기에 들어서면서 실외나 실내에서 장식품으로 널리 이용되었다.

▶ 스킨디아모스 액자 만들기

스킨디아모스는 북유럽지역에서 자생하는 천연이끼로 살아있는 천연 인테리어 재료이다. 이끼에 천연색소를 입혀서 여러 가지 색깔도 낼 수 있어 인테리어 재료로 많이 선택한다.

습할 때는 습기를 머금어 부드러워지고 건조할 때는 습기를 뿜어내며 딱딱해지는 식물이다. 공기 중에 미세먼지와 습기는 스킨디아모스의 영양분이라고 할 수 있다. 흡음작용도 하여 정숙함이 필요한 장소에도 제격이며 반영구적이다.

재료

캔버스, 아크릴물감, 붓, 스킨디아모스, 목공풀, 매직 등

방법

1) 캔버스에 아크릴물감으로 색칠을 하거나 그림을 그린다.
2) 목공풀을 이용하여 스킨디아모스를 붙인다.
3) 아크릴물감이나 매직을 이용하여 글이나 그림을 이용하여 마무리한다.

▶ 스킨디아모스 나무 만들기

스킨디아모스는 한정된 지역에서 60년 이상 자란 이끼로 정해진 기간 동안만 채취하는 희소성이 높은 식물이다. 미세먼지나 공기중 유해물질을 흡수하여 공기정화 기능과 흡음, 내화성 등의 기능을 갖고 있는 습기를 먹는 천연이끼로 실내 습도가 30% 이하로 건조해지면 이끼도 건조해지고, 실내 습도가 올라가면 이끼도 다시 부드러운 상태로 복원이 된다고 한다.

재료

스킨디아모스, 화분, 꾸밈 재료, 나뭇가지, 마끈, 오아시스(스티로폼), 스티로폼구, 목공풀, 글루건 등

방법

1) 나뭇가지에 마끈으로 감아 모양을 낸다.
2) 오아시스를 화분 크기에 맞춰 잘라 넣는다.
3) 나뭇가지와 스티로폼구를 글루건으로 연결한다.
4) 스티로폼구에 스킨디아모스를 목공풀(글루건)을 이용하여 붙인다.
5) 꾸밈재료로 마무리한다.

관리하기

· 조금 말랐다 싶으면 욕실이나 주방에 두면 습기를 받아들인다. 실내 습도가 가장 쾌적한 40~60% 정도로 적당하면 말랑해지고, 특히 비오는 날에는 더욱 말랑해진다.
· 음지에서도 변하지 않아서 식물 키우기에 자신이 없는 사람들에게 좋으며 인테리어 효과까지 있으니 일석이조 식물이다.

▸ 동물모양의 토피어리

토피어리 제작에 주로 사용되는 물이끼(수태)는 공룡시대 이전 해상에서 육상으로 올라온 최초의 식물로, 지금보다 이산화탄소 농도가 20배나 높은 환경을 잘 이겨온 식물이라 하여 이끼의 공기 정화 능력은 그 어떤 식물보다 우수하며 이끼의 특성상 많은 수분을 머금고 있어 작은 가습기의 역할을 한다.

재료

각종 식물, 수태, 받침용 화분, 꾸밈 재료 등

방법

1) 수반(화분)에 수태를 깔아준다.
2) 수태를 동그랗게 쌓아 올린다.
3) 식물을 포트에서 꺼내 동그란 수태 위에 올려놓는다.
4) 수태로 흙을 감싸며 동그랗게 모양을 만들어 나간다.
5) 우레탄줄로 수태를 감아서 떨어지지 않도록 감싼다.
6) 눈동자와 기타 꾸밈재료로 동물 모양을 만들어나간다.

관리 방법

식물에 따라 매일 1컵 분량의 물을 수반에 부어주거나 3~4일에 1회 대야에 담가 놓는다. 볕이 잘 드는 곳에 놓되 직사광선은 피하고 통풍이 잘 되는 장소에 놓아 둔다.

원예심리상담사

원예치료는 원예와 치료라는 두 단어가 합해져서 만들어진 학문이라고 쉽게 정의를 내릴 수 있다. 그러나 그렇게 간단하게 정의 내릴 수 있는 학문은 아니다. 왜냐하면 기본적으로 원예를 기본적으로 다른 여러 학문(의학, 심리, 상담, 복지 등)과 연결되어 만들어진 새로운 학문이기 때문이다(현재는 치료라는 말대신 복지, 치유라는 말로 대체해서 사용하고 있다).

원예치료의 효과를 높이기 위해서는 면밀한 프로그램을 세우고 대상자의 능력과 장애를 정확히 이해하고 그 사람의 요구와 치료 목적에 맞는 작업 내용과 취급할 식물을 선택하고, 사용하기 편리한 도구를 사용하여야 한다.

또한 프로그램이 종료된 후에는 작업 내용, 원예치료를 받는 사람, 원예치료를 수행한 사람, 그리고 프로그램 전체에 대한 평가가 필요하며, 원예심리상담사는 이런 평가를 통찰력 있게 수행할 수 있는 기술이 있어야 한다.

그러므로 전문강사는 식물의 성장과 재배에 대한 원예학적 지식과 함께 여러 가지 프로그램에 대응할 수 있도록 심리학, 상담학, 간호학, 사회복지학 또는 교육학에 대한 지식도 폭넓게 갖추고 있어야 한다.

대상자와 함께 원예활동을 이끌어가는 존재로 원예치료의 주체라 할 수 있는 원예심리상담사는 식물과 원예활동, 대상자의 3요소 가운데 전문상담사의 개입 없이 대상자에게 식물과 원예활동이 주어진다면 그것은 단지 즐거움이나 흥미거리는 될지언정 치유는 아니다. 전문상담사가 대상자와의 원예활동에 개입함으로써 원예활동은 의도된 치료목적을 가진 치유가 되는 것이다.

원예상담심리사는 원예치료를 실행할 수 있는 자격을 갖춘 사람이다. 그럼 기본적으로 어떤 자격조건이 필요할까? 원예치료를 수행할 수 있는 자격조건을 갖춘 사람으로 원예학뿐만 아니라 정신의학, 재활의학, 사회학, 간호학, 심리상담학 등 다양한 전문적 분야를 이해하고 이를 적용할 수 있는 능력이 있어야 한다.

스토리 구성 방법 : 사람들에게 기억에 남는 말하기

이야기의 목적을 분명히 정하는 것은 무엇을 어떻게 이야기할 지를 결정하도록 한다. 이야기마다 목적이 분명히 다르다. 이야기 구성을 설명하기 위해 청중에게 어떤 행동을 하라고 요구하거나 혹은 동기를 부여하는 이야기를 포함한다.

- 임팩트(Impact) : 말을 하거나 구조를 잡을 때는 강한 임팩트가 필요하다.
- 간결함(Short) : 하고 싶은 말은 구어체로 짧고 명료하게 해야 한다.
- 오리진(Origin) : 기원, 근원, 콘텐츠, 플랫폼, 핵심이 되는 나만의 이야기

나만의 구조를 가지고 있어야 한다. 듣고 싶은 말을 들려주고 하고 싶은 말을 들어주자. 아무도 우리의 잠재력을 개발해 줄 수 없다. 다만 우리 스스로 힘으로만 가능하다. 다른 사람들이 도와줄 수 있는 단 한 가지는 방법을 보여주는 것이다.

즉흥 연설

즉흥 연설은 없다. 그러나 사전 예고 없이 연설을 부탁받은 상황이라면 마음의 준비를 하고 자신의 경험과 자신감을 믿어야 한다.

준비할 시간이 없더라도 '자기 소개하기'편에서 말씀드렸던 <주의 끌기>, <요점>, <사례>, <마무리>의 4단계를 사용한다면 어떠한 상황에서도 안정감과 성공을 가져올 것이다.

그리고 기억하세요. 누구도 긴 연설을 할 거라고 기대하지 않습니다.

V

전래놀이

— 놀이가 답이다

김영임

· 한국평생교육강사협회장
· The스마일타임즈 발행인
· 전통놀이지도사1급, 2급 자격과정 진행

한미경

· 꿈키움고찌허게교육원 대표
· 고찌허게북스 출판사 대표
· 제주문화연구가
· 전통놀이지도사1급, 2급 자격과정 진행

전통놀이 개론

전통놀이의 정의

전통이란 지난 세대에 이미 이루어져 그 후로 계통을 이루어 전하여지는 모든 것을 말하며 그 시대의 생활 모습이다.

전통놀이는 유아들이 자연스러운 상황에서 즐길 수 있으며 문화적 가치뿐만 아니라 정신문화의 소중한 유산이며, 유아의 성장 발달에 조화롭고 원만한 인격을 형성하는 데 중요한 역할을 한다. 또한 유아들은 다른 친구들과 어울려 즐겁게 놀이하는 동안 사회성이 발달할 수 있고, 밝고 명랑한 성격을 형성할 수 있기 때문에 스트레스를 해소하는 데 도움이 될 수 있다(채종옥 외, 2005)

놀이는 재미와 웃음, 따뜻함 그래서 거기에서 생기는 행복과의 만남이다. 놀고 싶을 땐 놀아야 한다. 하고 나서 즐겁고, 하면서도 즐거운 것이 바로 놀이다. 놀이의 변화와 창조가 무궁무진한데 전승이 끊겼다. 아이들의 손과 발은 세계와 만나는 통로이다.

각 사회는 그 사회 특유의 생활양식을 아동에게 가르치듯이, 그 사회의 문화적 특수성이 낳은, 또는 그 사회의 문화적 특수성이 반영된 각종 놀이를 아동에게 가르친다.

놀이수업, 아이들 스스로 놀이에 진지하게 빠져들 여유를 좀체 주지 않는다. 전래놀이를 현재 아이들 삶의 맥락을 읽지 않고 느닷없이 들이미는 것은 주의가 필요하다. 전래놀이 속에 아이들 놀이를 구성하고 있는 원리와 알맹이가 무엇인지 깊이 있게 살펴 '오늘' 아이들 삶 속에 어떻게 뿌리내리게 할 것인지 고민해야 한다.

왜 놀아야 하는가?

사람들은 놀이의 반대개념을 '일'이라 생각한다. 일하거나 놀거나. 그렇다면 아이들은 '공부하거나 놀거나'가 되어야 한다. 왜 우리는 놀지 않거나 놀지 못하는가? 나아가 아이들을 놀지 못하게 하는 걸까? 그것은 '불안함' 때문이다. 아이러니하게도 이 불안을 떨쳐내는 게 '놀이'이다.

아이들에게서 놀이를 빼앗은 것은 다름 아닌 풍요이다. 놀이는 심심하고 뭔가 없을 때 꿈틀거린다.

▸ 즐거움

놀이는 머리가 좋아지라고 있는 것이 아니라 즐거움과 행복을 만나는 일이다. 놀이를 하면서 머리가 좋아지길 바라기보다 아이들이 즐겁고 행복하기를 바라는 마음이다. 놀이가 가지는 힘은 단순히 재미와 즐거움에 그치지 않는다. 어른이 된 뒤 살아가는 힘으로 자리 잡는다.

▸ 건강

어릴 때 신나게 노는 아이들이 건강한 어른으로 자란다. 마음이 건강하고 명랑한 아이, 맘껏 뛰어놀며 생명의 기운을 몸 안에 가득 안고 있는 아이는 오염된 환경과 음식 앞에 쓰러지지 않는다. 놀이는 음식과 환경에 앞서 아이들을 살려내는 힘이 있기 때문이다.

▸ 공동체 의식

관계가 만들어지려면 상대방에 대한 이해가 있어야 하는데 함께 놀지 못해 서로 알 기회가 아이들한테 도무지 허락되지 않았다. 함께 놀며 아이들은 화를 다스리고 다음을 기다리고 준비하는 법을 스스로 배운다. 아이들이 지는 것을 못 견디는 감정은 먼저 자연스러운 것이라 받아들이자. 아이들이 잘 어울릴 때 빠지고 아이들이 같이 하자고 할 때 함께하는 열린 태도일 것이다.

▸ 언어발달 촉진

아이들은 이야기한다. 이야기는 누구나 늘 하는 것이니까 아이들은 이야기가 어려우면 노래로 나아가고 그래도 힘들면 놀이로 서둘러 넘어가줘야 한다. 아이들과 어려움이 닥치면 이야기를 지나 노래를 거쳐 아이들끼리 서로 주고받는 많은 이야기를 들을 수 있는 행운을 만나기도 한다. 놀고 그 속에서 이야기하며 아이들은 몸과 마음이 자란다.

▶ 상상력

부모가 알아야 할 세상은 사이버 세상이 아니라 아이들 세상이다. 게임
의 세계에 온전히 빠지면 아이들은 세상의 많은 것에 관심을 끊는다. 인
간이 가지는 사랑, 우애, 슬픔, 연민 등의 감정에 그만 무심해진다는 말
이다. 감정의 쪼글쪼글한 골들을 밋밋하게 만드는 게임을 무엇을 벌할
수 있단 말인가. 틈만 나면 기를 쓰고 논다.

▶ 창의적인 표현 능력

아이들은 스스로 놀아야 한다. 학교 공부가 끝나면 자유놀이를 할 수
있는 시간을 줘야 한다. 심심하게 놀아야 놀 궁리를 한다. 무언가를 창조
하는 데 놀잇감은 자연과 주변에서 손수 구한 것들로 만들고 이렇게 만
든 놀잇감은 단순하지만, 놀이의 상상을 펼치기에 더없이 좋다. 놀잇감
은 스스로 만들어 놀아야 진짜 놀이다.

▶ 사회적 규칙

놀이는 놀면서 규칙을 새롭게 만들어가는 것이다. 놀면서 수도 없이 지
고 이기고, 죽고 다시 살아나는 것을 경험하지 않은 아이들이 세상에 나가
무언가에 좌절했을 때 아이들은 어떻게 그것을 넘어설 수 있을 것인가?
놀면서 몸으로 익힌 용기와 긍정의 힘은 놀이 바깥 세계에서도 살아 움
직인다. 더불어 행복을 찾아가는 힘도 놀이에서 기른다. 놀이는 하고 싶
을 때 하는 것이다.

놀이를 통해 무엇을 줄 수 있을까?

놀이에서 가장 중요한 것은 웃음이다. 웃으면서 노는 것이고 웃음이
없으면 그것은 가짜 놀이다. 웃지 않는데 웃음이 안 나오는데 아무리 우
겨도 그것은 놀이일 수 없다. 웃음은 놀고 있음의 가장 또렷한 증거이다.

- 건강증진
- 진정한 자유의 욕구 충족
- 자신감 형성
- 정서적 긴장 해소
- 친구와 협동적 관계
- 경쟁적 관계 경험

　웃음꽃은 동무들이 함께 놀 때 피어난다. 왜 놀아야 하는가를 묻는다면 '웃기' 위해서라고 말한다. 놀다가 웃기도 하고 울기도 한다. 웃음과 울음이 있어야 진짜 놀이다.

활동 영역 ·················

- 유치원 / 어린이집
- 초등학교 방과 후 수업, 돌봄 교실 수업
- 지역아동센터 / 청소년문화의집 / 자유학기제 직업체험
- 다문화 가족지원센터
- 복지관 / 문화센터
- 실버 놀이교실 /치매예방인지 놀이 / 보건소
- 창의 · 인성 마당 체험활동
- 노인 일자리 사업

사라져가는 이유 ·················

- 서양 문화의 무분별한 도입과 컴퓨터, TV, 스마트폰, 게임 등의 발달
- 핵가족화로 인해 퇴색된 명절의 의미
- 사회 풍속의 변화(핵가족화와 맞벌이 부부의 증가)
- 교육적인 노력, 연구 및 개선에 대한 노력의 부족

전통놀이 발전 계승

우리 선조들이 반만년의 긴 역사 속에서 창조한 전통놀이는 민족의 생활 양식, 그리고 우리 사회가 추구하는 가치와 신념이 고스란히 담겨 있다. 전통놀이는 민속놀이로 부르기도 하며 일반 서민들에 의해 유지, 발전되고 전승되어왔다.

최근 초등 교육계에서는 아이들에게 현재 생활 속에서 전통문화를 찾고 경험하게 하며, 선조가 추구해온 이상적 삶이 무엇인지를 알게 하고 자긍심을 갖게 하며, 전통문화를 계승·발전시켜나갈 수 있도록 가르치도록 촉구하고 있다.

또한, 전통문화의 계승 방안을 모색하기 위해서는 전통놀이의 특성과 가치를 분석하고, 이를 기초로 현대에 맞게 전통놀이를 재창출할 수 있는 활성화 방안을 모색하여야 할 것이며, 앞으로도 계속 우리의 전통놀이를 발굴하고, 현대에 맞게 재창출하여 활성화시키고, 궁극적으로, 우리 민족의 전통문화를 후대에 계승할 수 있도록 해야 할 것이다.

너구리와 닭

· · · · ·

옛날에 집에서 키우는 닭은 중요한 단백질 공급원이었다. 따라서 닭을 잡아먹는 솔개, 너구리, 족제비는 경계의 대상이 되었다. 주위에서 볼 수 있는 상황을 놀이로 재연시켜 만들어진 놀이이다. 구한말까지의 자료는 없지만 이후 자료는 풍성한 것으로 보아 예전부터 널리 행해지다가 근대에 들어와 기록된 것으로 보인다. 주로 원을 중심으로 놀이를 진행한다. 정해진 술래가 쫓고 쫓기면서 잡는 놀이이다. 지역에 따라 닭잡이, 닭살이, 닭잡기, 도둑잡기 등이라고도 한다.

놀이 방법

1) 가위바위보로 너구리와 닭을 뽑는다. 맨 끝에 지는 사람이 너구리, 그 앞에 진 사람이 닭이 된다.
2) 나머지는 손에 손을 잡고 둥그렇게 만든다.
3) 미리 정한 닭은 원 안에 있고, 너구리는 밖에 있다.
4) 너구리와 닭이 다음과 같이 서로 말을 주고받는다.

너구리 : 달걀 한 개 주면 너를 잡아먹지 않겠다.
닭 : 싫어! 내 달걀을 너구리 너에게 왜 주니?

5) 문답이 끝나면 내가 너구리다!라고 외치고 너구리는 닭을 잡으려고 쫓는다.
6) 너구리가 원 안으로 들어오려고 하면 둥그렇게 울타리를 친 아이들이 못 들어오게 막고 만약 울타리를 뚫고 들어오면 재빨리 손을 들어 닭을 내보낸다. 그러면 닭은 재빨리 밖으로 도망쳤다가 너구리가 나오면 다시 원 안으로 재빨리 들어가면서 너구리에게 잡히지 않도록 한다. 이와 같이 해서 너구리가 닭을 잡을 때까지 놀이를 진행한다.
7) 붙잡히면 닭이 너구리가 되고 다음 사람이 닭이 되어 놀이를 계속한다.

너구리 : 네 집은 어디 갔니? / 닭 : 칠월 장마에 쓰러졌다.
너구리 : 너 잡아먹자! / 닭 : 꼬꼬댁꼬꼬댁꼬꼬댁!

놀이 효과

· 전체 상황에 대해 파악하는 능력이 길러진다.
· 여럿이 한마음 한뜻으로 움직이는 과정을 통해 일체감과 소속감을 갖는다.
· 쫓고 쫓기는 과정에서 서로를 이해하고 협력할 수 있다.

무궁화 꽃이 피었습니다

· · · · ·

'무궁화 꽃이 피었습니다'라는 일제 강점기(1910년에서 1940년 사이)
때 일본 아이들이 놀았던 놀이에 우리나라 말을 접목시킨 놀이다.
즉, 일본 아이들이 놀았던 '다루마 상가 고론다(오뚜기가 넘어집니다)'
라는 놀이에 '무궁화 꽃이 피었습니다' 열 글자를 넣은 것이다. 이 놀이
는 남궁억(1863-1939) 선생이 만든 놀이라고 전해지고 있다.

놀이 방법

1) 가위바위보로 술래를 정한다.
2) 술래는 벽이나 나무 등을 보고 돌아선다.
3) 나머지 아이들은 5m 정도 떨어진 곳의 출발선 밖에 선다.
4) 술래는 벽을 향한 채 "무궁화 꽃이 피었습니다!"를 외치고 고개를 돌려 아이들
   을 본다.
5) 아이들은 술래가 외치는 동안 술래를 향해 다가간다.
6) 술래가 돌아봤을 때 움직이면 잡힌다. 잡힌 아이는 술래의 손을 잡고 선다. 이후
   에 잡히는 아이들은 차례로 먼저 잡힌 아이를 잡고 길게 선다.
7) 위와 같이 여러 번 하다가 술래 앞까지 가게 된 아이가 술래 손을 잡고 있던 아이
   의 손을 쳐서 끊기게 만들어 준다.
8) 이때 술래에게 잡혔던 아이들과 술래를 향해 가던 아이들 모두 출발선으로 도망
   가고 이들을 잡는다.
9) 출발선에 도착하기 전 술래에게 잡히면 그 아이가 술래가 되고 잡히지 않으면
   계속 술래가 된다.

숨바꼭질의 응용 놀이이다. 술래가 벽을 보고 '무궁화 꽃이 피었습니다'를 외치다가 구호가 끝남과 동시에 뒤를 돌아보고 움직이는 사람이 있으면 잡아낸다. 요즘에는 '지렁이 꽃', '장미꽃', '대장 꽃', '웃음꽃' 등 다양한 꽃으로 응용하면서 논다.

술래를 서로 하려고 할 수도 있다. 술래가 놀이의 주인공처럼 보이기 때문이다. 놀이의 규칙과 모든 놀이를 자진해서 할 수 있도록 해준다.

얼음 땡

술래잡기 놀이 중에서 아이들이 가장 많이 하는 놀이이며 전국 어디에서나 이 놀이를 한다. 술래잡기의 기본적인 치기 동작에 얼음과 '땡'이라는 요소를 추가한 것이다. 놀잇감 없이 쉽게 할 수 있고, 활동량이 무척 많은 놀이다.

놀이 방법

1) 가위바위보로 술래를 정한다.
2) 술래는 한자리에 서서 "무궁화 꽃이 피었습니다!"를 큰소리로 외치고 다른 아이들을 잡으러 다닌다.
3) 술래가 손으로 치려고 할 때 "얼음!" 하고 멈추어 서면 칠 수 없다.
4) "얼음!" 하고 나서는 움직일 수 없다. 다른 아이가 와서 "땡!" 하고 쳐 주어야 다시 움직일 수 있다.
5) "얼음!" 하기 전에 술래가 치거나 "얼음!" 하고서 움직이면 그 아이기 술래가 된다.
6) 술래가 바뀌면 아이들에게 술래라고 알린 다음 새롭게 놀이를 시작한다.

유의사항

• 너무 멀리 가는 사람이 없도록 구역을 정해 놓는다.
• 술래가 누군지 알 수 있도록 한다.

- 지역에 따라 '얼음 망치', '얼음살이', '얼음 꽝', '얼음 물(물처럼 자유롭게 움직일 수 있음)', '얼음 물(얼음은 물이 닿으면 녹음)', '얼음 풀(얼음에서 풀려남)' 등으로 불림.
- 변형 놀이에 대해서 서로 이야기하고 규칙을 정해서 놀이에 참여한다. (술래잡기-짝꿍. 귤. 바나나. 자석. 트위스트. 방석)

놀이 효과

- 놀이의 규칙과 질서를 지킬 수 있다.
- 놀이를 통하여 친구와 친근감을 갖고 정서 및 사회성 발달에 도움을 준다.
- 여러 명이 함께 놀이를 하므로 서로를 이해하고 협력할 수 있다.

바나나 술래잡기

1) 가위바위보로 술래를 정한다.
2) 술래는 한자리에 서서 "무궁화 꽃이 피었습니다!"를 큰소리로 외치고 다른 아이들을 치러 다닌다.
3) 술래가 손으로 치려고 할 때 "바나나!" 하고 두 손을 위로 잡는다.
4) 다른 아이 두 명이 와서 한 손씩 내려주면 다시 움직일 수 있다.
5) "바나나!" 하기 전에 술래가 치면 그 아이가 술래가 된다.
6) 술래가 바뀌면 아이들에게 술래라고 알린 다음 새롭게 놀이를 시작한다.

한 발짝 술래잡기

술래가 불러준 숫자만큼만 움직일 수 있다. 술래를 피해서 도망 다니다가 손에 닿으면 그 사람이 술래가 되거나, 정해진 장소에서 대기해야 한다. 모두가 다 잡히면 술래가 승리. 한 발, 두 발 술래잡기, 세 발 술래잡기, 그물 술래잡기, 강시 술래잡기, 귤, 바나나 술래잡기를 응용해서 할 수 있다.

왕짱구

처음 시작한 순서에 따라 게임이 진행되므로 순서를 잘 지킬 수 있어 아이들이 기다림을 배울 수 있어 정서 발달에 도움을 준다. 상황에 따른 대처 능력과 민첩성을 기를 수 있는 간단하면서 장소에 구애받지 않고 놀 수 있는 놀이다.

놀이 방법

1) 지름 1m 정도의 원을 그린다.
2) 순서를 정할 때 가위바위보는 손으로 하는 것보다 발로 하면 더 재미있다.

3) 모두 원 밖에 서서 1등부터 차례로 시작한다. 원을 밟으며 "왕", 원 밖으로 한 발짝 뛰면서 "짱", 마지막 발은 "구" 하면서 원에서 멀리 두 발짝 뛴다.

4) 2등도 1등과 똑같이 행동을 취한다. 마지막 "구"에서 먼저 뛰었던 1등의 발을 밟을 수 있다.

5) 3등부터 나머지 친구들도 순서대로 똑같이 따라 하면 된다.

6) 모두가 원 밖으로 나오면 1등부터 "왕짱구", "짱 - 구", "짱구"를 외칠 수 있다.

7) 단, 1등을 따라서 똑같이 행동해야 한다. 1등이 "왕짱구"라고 외쳤다면 2등부터 마지막까지 모두 "왕짱구"

왕 ~ 짱 ~ 구 / 짱 ~~~~ 구 / 짱구 짱구

유의사항

· 짱구를 외치며 상대편의 발을 밟으려 할 때 서로 얼굴을 부딪힐 경우가 있다.
· "짱구"를 하고 뛴 후에는 움직이면 안 된다.
· 반드시 "왕" 할 때는 한 발로 뛰고 "짱구" 할 때는 모둠발로 뛴다.
· 아동끼리만 하면 질서가 잡히지 않으므로 놀이 방법과 규칙을 잘 숙지시킨다. "왕짱구 놀이"는 상대편의 발을 밟는 것이 핵심이다.

신발 뺏기

· · · · · ·

신발을 이용한 놀이로 누구나 흥미를 가지고 할 수 있으며 민첩성과 판단력 신장에 도움을 줄 수 있다. 또한 주위에서 쉽게 구할 수 있는 물건들을 이용한 놀이를 스스로 생각하여 만들어 보게 하는 기회로 삼을 수도 있다.

놀이 방법

1) 땅 위에 원(지름)을 그리고 가위바위보로 술래를 정한다.
2) 술래는 원 안에 들어가서 자기의 신발을 벗어 놓는다.

3) 술래가 아닌 사람은 신발 한 짝을 벗어 원안에 두고, 한 쪽 신발만 신고 놀이를
　시작한다.

4) 신발을 뺏다 술래가 치면 자신의 나머지 신발 한짝을 벗어 원 안에 놓는다.

5) 신발을 두 짝 다 잃은 후 신발을 뺏다가 치이면 술래가 된다.

6) 술래가 원 밖의 사람들에게 신발을 모두 빼앗기면 벌칙을 받는다.

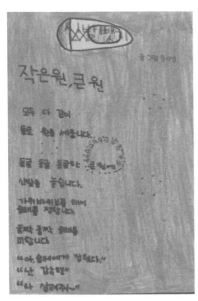 

숨바꼭질

'숨바꼭질' 또는 '술래놀이'라고도 한다. 예전에 경비를 위해서 순찰을
하던 이를 '순라(巡羅)'라고 하였는데, 술래라는 말은 이에서 비롯되었다
고 하는 이도 있다.

아이들은 제각기 적당한 곳을 찾아 몸을 숨기며 술래는 수를 다 세고
난 뒤에는 술래가 아이들을 찾아 나서며, 숨은 아이를 발견하였을 때에
는 "어디에 숨은 누구 찾았다." 라고 소리를 지르고 자기가 수를 세던 자
리에 돌아와서 집을 손이나 발로 가볍게 친다. 한편, 여기저기 숨어 있던

아이들은 술래가 떨어져 있는 사이에 빨리 뛰어나와서 역시 술래의 집을 손이나 발로 친다. 술래가 한 아이밖에 찾지 못했으면 그 아이가 술래가 되며 여럿인 경우에는 가위바위보로 술래를 정한다.

다리셈 놀이

두 줄로 마주 앉아 서로 다리를 엇갈리게 뻗고 노래에 맞추어 다리를 세어가며 노는데 이를 발 헤기, 다리 뽑기, 행성 놀이, 다리 셈 놀이라고 한다. 전국적으로 행해지며 주로 겨울철에 방 안에서 많이 하는데 다리가 빠지는 순서에 따라 지방마다 다른 놀이로 이어지며 다양한 놀이노래가 있다.

놀이 방법

1) 많은 인원보다는 5~10명 이내로 하는 게 좋다.
2) 두 줄로 마주 본 채 다리를 서로 엇갈리게 끼우고 편다.
3) 이끔이(노래를 부르는 사람)는 다리 세기 노래를 부르며 손바닥으로 다리를 차례로 짚어 나간다.
4) 다리를 하나씩 짚으며 다음과 같은 노래를 한다. (다리 세기의 노랫말은 지역별로 천차만별)

이 거리 저 거리 각거리 / 천사만사 다만사
조리 김치 장독간 / 총채 비파리 딱!
한 다리 두 다리 세 다리 / 인사만사 주머니끈
칠팔월에 무서리 / 동지섣달 대서리
한 다리 두 다리 세 다리 / 너희 삼촌 어디 갔니
자전거를 고치러 / 오꽁조꽁 부지깽

5) 노래 끝에 짚인 아이는 다리를 뺀다.
6) 빼낸 다리 다음부터 다시 '이 거리 저 거리 각거리~' 노래를 시작하면서 하나씩

하나씩 다리를 빼 나간다.

7) 가장 먼저 두 다리를 뺀 사람이 1등이 된다.

8) 마지막까지 다리가 남은 사람은 벌칙을 받는다. (노래, 춤, 주령구로 벌칙 등)

·코카콜라 / 맛있으면 또 먹지 / 또 먹으면 배탈 나

 배탈 나면 주사 맞아 / 딩 동 댕!

·궁굴러 가는 수박을 / 아저씨가 깨 놓고 / 나한테 깼다고 / 엄마한테 일렀다!

달팽이 놀이

달팽이 놀이는 나선형으로 된 원의 중심과 바깥쪽에 각각 진을 정하고 서로 마주 뛰어 어느 누가 먼저 상대편에 진을 점령하는가를 겨루는 놀이이다. 달팽이 놀이는 '달팽이 집 놀이'라고도 하며 놀이판 형태가 골뱅이의 형태처럼 되었다고 하여 '골뱅이 놀이', 중간에 마주친다고 해서 '마주치기 놀이' 빙글빙글 돌며 상대방을 잡아서 '돌아 잡기'라고도 부른다.

놀이 방법

1) 진행자가 동물 이름을 말하면 동물 흉내를 내면서 상대팀 진을 향해서 돌다가 서로 만나면 인사하고 가위바위보를 한다.
2) 이긴 사람은 "이겼다"를 크게 외치면서 손을 번쩍 들고 계속 돌며, 진 사람은 자기 진영 끝으로 가고 진 팀의 다음 주자가 얼른 나온다(2인 1조가 할 수도 있다).
3) 진행자는 마스킹 테이프로 4줄 정도 그려서 진행한다.

유의사항

이 놀이는 친화력을 기르고 활달한 기상을 가지게 한다. 근력과 지구력을 길러주며 순발력과 민첩성도 좋아진다. 승부에 너무 집착하면 넘어지거나 다칠 염려가 있으므로 주의한다.

기차 놀이

기차길 옆 오막살이 아기아기 잘도잔다.
칙푹칙칙푹푹 칙칙푹푹 칙칙푹푹
기차소리 요란해도 아기 아기 잘도 잔다.
기찻길 옆 옥수수밭 옥수수는 잘도 큰다.
칙푹칙칙푹푹 칙칙푹푹 칙칙푹푹
기차소리 요란해도 옥수수는 잘도 잘도 큰다.

1) 두 명씩 짝을 짓는다.
2) 가위바위보를 해서 지면 이긴 사람 뒤에 가서 어깨를 잡는다.
3) 산토끼 놀이에 맞춰 움직이다가 노래가 끝나면 만나는 사람과 가위바위보를 한다.
4) 기차가 하나가 될 때까지 한다.
5) 다 하고 나면 대문 놀이로 연결하면 좋다.

문지기 문지기 문 열어라 열쇠 없어 못 열겠네
대문에 들어갈까 동대문에 들어가
문지기 문지기 문 열어라 열쇠 없어 못 열겠네
어떤 대문에 들어갈까 서대문에 들어가
문지기 문지기 문 열어라 열쇠 없어 못 열겠네
어떤 대문에 들어갈까 남대문에 들어가
문지기 문지기 문 열어라 열쇠 없어 못 열겠네
어떤 대문에 들어갈까 북대문에 들어가
문지기 문지기 문 열어라 열쇠 없어 못 열겠네
문지기 문지기 문 열어라 덜컹 열렸다

동동 동대문을 열어라~
남남 남대문을 열어라~
열두 시가 되면은
문을 닫는다
* '다'에서 걸리면 나이만큼 흔들어준다.

우리 고유의 정서와 우리말과 리듬이 잘 담겨있는 무형 문화유산으로 사람들이 손을 잡거나 돌면서 일체감과 협동성을 기를 수 있다. 우리 가락의 정체성과 신명을 몸으로 체험할 수 있다.

대문 놀이

대문 놀이는 두 사람을 문지기로 정한 후 "동동 동대문을 열어라, 남남 남대문을 열어라." 노래에 맞추어 문을 통과하다가 "문을 닫는다."의 마지막 소절에 손을 내려 통과 못 한 사람을 잡는 놀이이다.

조선 시대 사대문을 들어가고 나가는 모습을 연상하고 놀이를 하면 된다. 대문을 만들어 들어가고 나갈 때 흥겹게 노래를 부르다가 문을 닫을 때 사람을 잡는 놀이다. 노래에 맞추어 놀이를 함으로 리듬감을 익히고 여러 명이 함께 하는 놀이로써 협동심과 배려심 및 사회성 발달에 도움이 된다.

놀이 방법 (확장 대문)

1) 두 사람을 뽑아 문지기로 삼는다.
2) 문지기는 양손을 마주 잡고 문을 만든다.
3) 다른 사람들은 한 줄로 문을 통과하고 노래의 마지막 소절에 통과 못 한 친구를

잡는다.

4) 잡힌 친구는 문지기와 함께 손을 잡아 문이 3개인 대문 놀이로 이어간다.

5) 다시 노래를 부르며 놀이를 이어가고, 잡힌 친구는 문지기가 되어 마지막에 남는 친구에게 "날쌘돌이"라는 이름을 지어준다.

유의사항

대문 놀이를 통해 웃음을 유발하여 긍정의 마음을 갖도록 한다. 문 열기 동작을 배운 후 가사를 변형하여 대문 놀이를 해도 된다. 참여자들이 문을 통과할 때 참여자 전체가 큰소리로 웃어야 문지기는 문을 열어주고 참여자들은 계속 웃으며 문을 통과한다. 작은 소리로 웃거나 웃음이 끊어지면 문을 닫으며 잡힌 사람들에게 벌칙을 준다.

문지기 문지기 문 열어주소 / 그러세 / 신명 나게 웃어보세

남생아 남생아

· · · · · ·

이 놀이는 집단무와 개인무가 섞여 있으며, 둥근 원의 상태를 유지하며 노는 것이다. 이 놀이에는 제의적 성격을 가지고 있으면서 흥미와 겨루기 형식의 경쟁성이 가미되어 있다.

남생아 놀아라 졸래졸래가 잘 논다.(춤을 추면서)
남생아 놀아라 졸래졸래가 잘 논다.

1. 남생아 놀아라 졸래졸래가 잘 논다.
2. 안경 낀 사람 나와라 / 졸래졸래가 잘 논다.(안경낀 사람만 나온다)
3. 안경 낀 사람 들어간다. 졸래졸래가 잘 논다.

1. 남생아 놀아라 졸래졸래가 잘 논다.
2. 빨간 옷 입은 사람 나와라 졸래졸래가 잘 논다.
3. 빨간 옷 입은 사람 들어간다.
졸래졸래가 잘 논다.(예-예쁜사람.착한사람)

남생아 놀아라 졸래졸래가 잘 논다.
남생아 놀아라 졸래졸래가 잘 논다.

남생이 대신 참여자들의 이름, 미션 등으로 바꾸어 부르며 놀이를 해보자. 이름이 불리거나 미션에 해당되는 참여자는 자신이 하고 싶은 동작을 한다. 이때 다른 사람들은 노래를 불러주며 동작을 따라 한다. 미션은 공통점 찾기, 표정, 직업, 동물, 역할 등 다양하게 표현하도록 한다.

떡장수 놀이

. . . . . .

땅에 달팽이 집 모양의 그림을 그리고 노는 놀이이다. 이 놀이는 하나의 줄거리를 가지고 있는 서사적 놀이이며, 언어의 사용이 적극적이 되도록 돕는 놀이이다. 술래의 역할을 맡은 사람이나 깡통을 차는 역할을 맡은 사람이 상황과 역할에 맞추어 말과 행동을 해야 하며, 상대방의 대화에 맞추어 재치 있게 대화를 만들어 하는 과정에서 놀이의 맛을 찾을 수 있다.

놀이 방법

1) 달팽이 놀이 판을 이용하여 술래 1명이 안쪽 진영에 앉아 떡을 팔고 나머지는 떡을 사러 간다.
2) 이때 대장은 식솔들을 거느리고 천천히 가면서 재미있게 이야기를 하고, 떡장수와 흥정을 할 때도 이것저것 물어보고 살 것인지 다른 곳으로 갈 것인지를 상의한다.
3) 떡을 사고 난 후 대장은 떡장수 앞에 놓인 "망"을 발로 세차게 걷어차고 놀이판을 따라 거꾸로 돌아 나간다.
4) 떡장수는 뛰어가 망을 주워 제자리에 놓고 놀이판을 따라 잡으러 가서 그중 잡히는 사람이 다음 술래가 된다.

떡장수 놀이를 하기 전에 달팽이집 놀이를 먼저 하면 놀이판의 크기와 모양을 익힐 수도 있다.

십자 돌기

. . . . . .

땅에 십자 모양을 그려놓고 두 편으로 나누어 하는 놀이이다.

두 편으로 나누어 하는 놀이 중에서 초보적 형태이고 땅에 그리기 쉽다.

놀이 방법이 간단하여 오래전부터 우리나라 전역에서 행하여져 왔다. 사람들은 두 편으로 나뉘어 상대편을 이기려는 목적으로 뭉쳐 놀이를 하면서 우리와 나와의 관계를 배운다. 수비조가 사방에서 잡아당기고 밀어내고 공격조는 서로를 붙잡고 끌려가면 붙들어주고, 수비조는 상대편을 방어하면서 재미를 맛본다. 그리고 한 명이라도 무사히 도착하면 자신이 해낸 것 같은 만족감을 느낀다.

놀이 방법

1) 십자 모양 놀이판을 그린다. 한 편이 6~7명이라면 한 변의 길이는 2~3m가 적당하다.
2) 가위바위보로 이긴 편은 공격, 진 편은 수비를 한다.
3) 공격은 십자가의 외각 사각형이고, 수비는 중앙 사각형과 밖. 공격 편은 출발 지점에서 시계 반대 방향으로 넘어 다니고 수비 편은 길목과 밖에서 잡아당긴다. 공격 편은 방향을 바꾸거나 한 번 지나간 칸으로 되돌아갈 수 없다.
4) 공격 편은 한 바퀴 돌아 제자리로 와야 한다. 이때 출발 지점에 자기 편이 남아 있는데도 들어오면 모든 사람이 탈락하게 되어 공격과 수비가 바뀐다.
5) 자기편 영역에서는 넘어져도 탈락하지 않지만 금을 밟거나 상대편 영역으로 끌려가면 탈락이다. 공격 편은 한 곳에 모여 있으면 수비의 공격을 받기 쉬우므로 되도록 빨리 흩어져야 한다.
6) 공격 편이 1명이라도 출발 지점으로 오면 탈락했던 아이들이 모두 살아나고, 모두 탈락하면 공격과 수비를 바꾸어 다시 시작한다.
7) 1명이 남아서 공격과 수비가 어려우면 공격하는 사람이 "짱!"을 외칠 수 있다. "짱"을 하면 살아있는 수비 편 모두를 가위바위보로 이겨야 한다.

씨름

. . . . .

씨름은 두 사람이 힘을 겨루는 투기 운동이 시작된 것으로 인류의 탄생과 때를 같이 한다고 볼 수 있다. 무기가 발명되기 이전의 인간은 맹수나 기타 종족에게 지배당하지 않기 위해 오로지 자기의 힘과 체력으로 싸워서 이겨야만 했다. 그러므로 씨름은 원시시대에는 자기보호를 위한 생활의 수단으로 행했다. 그러다가 농경생활을 하면서 점차 놀이로 발전하였다. 우리나라를 비롯해 전세계적으로 다양한 씨름이 존재한다.

▸ 등씨름

1) 둘이서 하는 놀이로, 키와 몸집이 비슷한 사람과 한다.
2) 두 사람이 등을 마주 대고 선다.
3) 팔을 뒤로해서 서로 엇갈려 건다.
4) 누가 먼저 질문을 하고 답을 할 것인가를 미리 정한다.
5) 질문하는 사람이 먼저 시작한다.
6) 질문을 하면서 다리를 구부리고 몸을 낮추고 상대편 엉덩이 아래를 받치며 수그린다.
7) 질문에 답하는 사람이 위와 같은 방법으로 묻고 답하며 하는 놀이다.
8) 문답이 끝나면 서로 역할을 바꾸어서 놀이한다.

▸ 엄지 씨름

1) 두 사람이 가깝게 앉는다.
2) 엄지손가락을 위로 향하게 하여 서로 오른손을 맞잡는다.
3) 상대방 엄지손가락을 자신의 엄지로 먼저 누르는 사람이 이긴다.

▸ 엉덩이 씨름

1) 두 사람이 서로 등지고 선다.
2) 한 걸음 간격으로 떨어져 엉덩이를 뒤로 뺀다.

3) 선생님이 신호하면 엉덩이로 상대방의 엉덩이를 밀어낸다.

4) 먼저 발이 바닥에서 떨어지면 진다.

▶ 돼지 씨름

1) 모두 두 손을 엉덩이 아래쪽으로 엇갈려 가져가 발목을 잡고 앉는다.

2) 신호에 맞추어 상대방을 쓰러뜨린다.

3) 쓰러진 사람은 재빨리 일어나 놀이 장소 가장자리로 간다.

4) 마지막까지 남는 사람이 승자가 된다.

돼지 씨름 할 때
허벅지에 두 손을 넣은 후 쪼그리고 앉아 엉덩이나 다리를 이용한다.

▶ 손 씨름

1) 두 사람이 마주 보고 선다.

2) 서로 정해진 자리에서 손바닥으로 서로 밀어낸다.

3) 상대를 뒤로 밀면 승리.

*손 씨름 발 엇갈리게 / 손을 제치거나 당겨서

▶ 토끼 씨름

1) 등을 맞대고 팔짱을 낀다.

2) 토끼처럼 찡콩 빵콩 콩콩콩

3) 따라다니며 밀어 다니며 상대를 밀어내면 승리.

토끼야? 왜? / 어디가니? 씨름하러 / 어떻게 ? 이렇게~ / 찡콩방콩

문) 찡-콩   답) 빵-콩
문) 토끼야?   답) 왜?
문) 어디 가니?   답) 저기
문) 뭣 하러?   답) 씨름하리
문) 어떻게?   답) 이렇게

어미새 놀이

· · · · · ·

놀이 방법이 간단하고 아무런 도구 없이 넓은 공터만 있으면 쉽게 할 수 있는 놀이다. 어미와 새끼의 역할이 서로 다르지만 정해진 목표 지점까지 빨리 갔다 와야 하는 목표는 같다. 어미는 가위바위보를 해서 이기는 것으로 새끼는 조금이라도 많이 뛰어 빨리 돌아오는 것으로 자신이 맡은 바를 충실히 해야 이길 수 있고, 새끼는 빨리 뛰어 돌아오고 싶은데, 어미가 가위바위보를 해서 이겨야 돌아올 수 있다.

놀이 방법

1) 2명씩 짝을 지어 1명은 어미, 다른 1명은 새끼가 된다.
2) 어미와 새끼가 정해지면 30~40m 정도의 목표점을 정한다.
3) 가위, 바위, 보에 따라 뛸 거리를 정한다.
   예: 가위는 두 발, 바위는 한 발, 보는 다섯 발
4) 어미는 어미끼리 모여서 가위바위보를 할 준비를 하고 새끼는 출발선에 선다.
5) 어미는 가위바위보를 하여 이겼는지 졌는지를 자기 새끼에게 정확히 알려준다.
6) 어미가 계속 가위바위보를 해서 새끼가 목표점을 돌아오게 한다.
7) 새끼가 목표점을 돌아오면 이제는 어미와 새끼가 역할을 바꿔서 어미는 새끼가 되고, 새끼는 어미가 되어 똑같은 방법으로 하여 목표점을 돌아온다.
8) 어미와 새끼가 모두 목표점을 돌아오면 이긴다.

유의 사항

순서를 지키고 서로 부딪히지 않도록 주의한다.

여우야 여우야 뭐해

. . . . .

여우놀이는 일제 강점기 때 일본에서 건너온 놀이다. 여우는 일본 말로 기쓰네라고 하는데 일본의 지방에 따라 오코, 오크산, 고코사마라고도 한다. 여우놀이는 일본에서 1876년 유치원이 개설되면서 유행하기 시작했고, 문답 형식으로 술래와 노래를 주고받으면서 하는 놀이다. 당시 어린이들이 불렀던 여우놀이는 지금 우리나라에서 부르는 노래와 비슷하다.

놀이 방법

1) 가위바위보로 술래 한 명을 정한다.
2) 출발선에서 약 3m 정도 되는 지점에 동그라미를 그리고 술래(여우)가 그 안에 뒤돌아 앉는다.
3) 술래를 뺀 나머지 아이들은 출발선에서부터 다음과 같이 노래를 부르며 한 발 한 발 술래에게 다가간다.

한 고개 넘어서 아이고 다리야~
두 고개 넘어서 아이고 허리야~
세 고개 넘어서 아이고 어깨야~

(친구들) - 여우야 여우야 뭐 하니?
(술　래) - 잠잔다.
(친구들) - 잠꾸러기
(친구들) - 여우야 여우야 뭐 하니?
(술　래) - 세수한다.
(친구들) - 멋쟁이~
(친구들) - 여우야 여우야 뭐 하니?
(술　래) - 밥 먹는다.
(친구들) - 무슨 반찬?
(술　래) - 개구리 반찬
(친구들) - 죽었니? 살았니?
(술　래) - 죽었다! (또는 살았다)

4) 노래 끝 부분에서 술래의 말에 따라 다음과 같이 행동할 수 있다.
'죽었다' - 움직이면 술래가 된다. 제자리에서 '얼음' 한다.
'살았다' - 재빨리 출발선으로 뛰어간다. 만약 술래가 치면 그 사람이 술래가 된다.

죽었니? 살았니?
살았다! (출발선까지 도망친다. 잡히면 술래)

응용 놀이 1

친구들 : 여우야 여우야 지금 몇 시니?
술래 : 3시!(앞으로 세 발자국 움직인다)
친구들 : 여우야 여우야 지금 몇 시니?
술래 : 새벽 4시(뒤로 네 발자국 움직인다)
　　　 12시! (얼음)
　　　 죽었다 (출발선까지 도망친다/ 잡히면 술래)

한 고개 넘어서 아이고 다리야~
두 고개 넘어서 아이고 허리야~
세 고개 넘어서 아이고 어깨야~

여우야 여우야 뭐 하니
잠잔다~ 잠꾸러기~
여우야 여우야 뭐 하니
세수한다~ 멋쟁이~
여우야 여우야 뭐 하니
밥 먹는다~무슨 반찬~
개구리(구더기) 반찬~
죽었니? 살았니?
죽었다! (얼음)
살았다!(출발선까지 도망친다. 잡히면 술래)

응용 놀이 2

여우야 여우야 뭐 하니 (지금 어디야)
여우야 여우야 뭐 하니(왜 전화 안 받아)
여우야 여우야 뭐 하니(빨리 전화받아)
여우야 여우야 죽었니? 살았니?
죽었다! (얼음)
살았다!(출발선까지 도망친다. 잡히면 술래)

우리 집에 왜 왔니(꽃찾기 놀이)

· · · · · ·

꽃따기 놀이의 기원과 유래는 확실하지 않다. "우리 집에 왜 왔니?"라고도 하는데 함께 노래를 부르며 앞으로 왔다가 뒷걸음치다가 하는 놀이다. 요즘은 많이 잊어 가고 있지만 아이들이 쉽게 즐길 수 있는 놀이다. 일렬로 서서 노래를 부르며 상대방의 아이를 빼앗아오는 놀이로 아이들이 움직이는 모습이 겉으로 아름다울 뿐 아니라 하나 된 마음을 심어줄 수 있다. 5~6명 또는 여럿이 어울릴 때 서로 친근함을 표시하고 무료함을 달래기 위해 시작된 놀이다.

놀이 방법

1) 두 편으로 편을 나누어 같은 편끼리 손에 손을 잡고 2m 정도 거리를 두고 마주 선다.

2) 가위바위보로 먼저 시작하는 편을 정한 다음 노래를 시작한다.

우리 집에 왜- 왔니 왜-왔니 왜 왔니 (진 팀이 앞으로)
꽃 찾으러 왔-단다 왔단다 왔단다- (이긴 팀이 앞으로)
무슨 꽃을 찾-으러 왔느냐 왔느냐- (진 팀이 앞으로)
oo꽃을 찾-으러 왔단다 왔단다- (이긴 팀 앞으로)
가위바위보!

3) 가위바위보를 하여 진 아이는 이긴 편 쪽으로 가서 붙는다.

이긴 편 : 이겼다 꽃바구니 하나 얻었다.
진 편 : 졌다 분하다 말도 말아라!

4) 이렇게 반복하여 한 아이도 안 남을 때까지 놀이를 계속한다. 이와 같이 되풀이 하다가 어느 한 쪽 편으로 모두 가면 끝난다.

유의사항

꽃따기 놀이는 친구 이름을 잘 외우지 못하는 신학기초에 아이들과 함께 하면 좋은 놀이다. 아이들 이름을 넣은 다음 이름 대신 '꽃' 이름을 넣어 놀이를 하게 되면 기억력에도 도움을 줄 수 있다. 너무 빠른 걸음으로 다가가면 서로 부딪힐 수 있으므로 안전에 유의한다.

오징어 놀이

오징어 놀이 놀이판의 초기 형태는 지금 전해지고 있는 모양과 달랐다. 보통 원이나 사각형의 놀이판이 많은데 사각형과 원의 형태만이 아니라 삼각형까지 있는 것으로 보았을 때 다양한 여러 형태의 놀이판을 가지고 놀다가 시간을 거쳐 오늘날의 모습으로 정착되었다. 밀고 당기고 부딪치는 등 전반적으로 과격하지만 집단 간의 경쟁을 통해서 느끼는 재미는 다른 놀이에서 얻기 힘들다. 내가 위기에 몰렸을 때 우리 편이 도와주고, 마찬가지로 자기 편 아이가 위험에 처했을 때 가서 도와주는 과정에서 서로의 존재를 확인하게 된다.

놀이 방법

1) 오징어 모양의 놀이판을 마스킹테이프(실내) 또는 막대기(실외)로 그린다.
2) 두 편으로 나누고 공격할 팀과 수비할 팀을 정한다.
3) 이긴 팀, 즉 공격 팀은 위쪽(오징어 머리 위)의 원 안에, 진 팀 즉 수비 팀은 그림 안쪽(오징어 몸통 쪽)에 선다.
4) 공격 팀과 수비 팀은 자기 집에서 외발로 오징어 밖으로 나올 수 있으며, 강에서는 두 발로 설 수 있다.
5) 공격 팀과 수비 팀 모두 손이 바닥에 닿거나 선(금)을 밟았을 때, 외발로 돌아다니다가 들고 있던 발이 바닥에 닿았을 때, 열려 있는 문을 통과하지 않고 상대방의 진영으로 끌려 들어오거나 끌려 나갈 경우 아웃!
6) 공격 팀은 강을 건너면 외발에서 두 발로 다닐 수 있다.
7) 공격 팀과 수비 팀 중 어느 편이든 상대편이 모두 아웃되면 이기게 된다.

유의사항

· 놀이판 주위에 쉼터를 마련하여 쉬게 하고, 쉼터에서는 상대방을 공격하지 않도록 한다.
· 강에서는 두 명 이상 지키지 않도록 한다.

이랑 타기

· · · · · ·

원래 '이랑 타기'는 놀이로 땅에 그리는 놀이판의 모양과 놀이 규칙에서 약간의 차이가 있지만 세계 여러 나라에서 행해지고 있다. 논과 밭의 경계인 이랑을 이용하여 편을 나누어 한쪽 편은 뛰어넘고, 다른 한편은 막는 놀이를 하다가 그 모양을 본떠서 땅에 그림을 그려놓고 놀게 되었다. 8·15광복 후 우리나라에 3.8선이 생기면서 놀이의 이름이 서울특별시와 경기도에서 '삼팔선'으로 바뀌었다.

놀이 방법

1) 놀이판을 그리고 편을 나누어 공격팀과 수비팀을 정한다.
2) 공격은 칸(이랑)에, 수비는 강에 서는데, 수비팀의 한 강에는 두 명 이상 서지 않는다.
3) 공격은 수비를 피해 강을 건너서 끝까지 갔다 돌아오면 이긴다.
4) 수비는 공격이 가지 못하도록 공격의 몸을 손으로 쳐서 막는다.
5) 죽는 경우 :
   · 수비가 공격을 치면 죽고(아웃)
   · 수비도 공격이 몰래 뒤에서 밀어 강을 벗어나게 되면 아웃이 된다.
   · 공격과 수비 모두 금을 밟으면 아웃, 아웃된 사람은 놀이판 밖으로 나간다.
6) 짱 : 편에서 한 명만 살았을 경우 남아 있는 수비와 '짱'을 할 수 있는데, 짱은 가위바위보를 하는 것으로, 공격이 수비에게 "짱 하자"라고 말하면 수비는 꼭 짱과 가위바위보를 해야 한다.
7) 공격이 강을 지키고 있는 수비와 가위바위보를 해서 이기면 그 강은 그냥 건널 수 있다. 이렇게 가위바위보로 모두 이겨 끝까지 갔다 올 수도 있다.

유의사항

승부욕이 지나치면 다툼이 생길 수 있으므로 서로 이해하는 마음을 갖고 놀이에 임하도록 한다. 우리나라 현실 상황을 상징하는 세계 유일의 삼팔선을 통해 통일에 대하여 생각해 보는 기회를 갖도록 한다.

안경 놀이

. . . . .

땅에 그린 형태가 안경과 닮았다고 해서 '안경 놀이'다.

놀이 방법

1) 10명 내외가 적당하다.

2) 땅에 안경 모양을 그리고 가위바위보로 술래를 1명 뽑는다.

3) 술래는 안경테 쪽에서 안경알 안에 있는 아이들을 친다.

4) 술래가 친 아이도 같이 술래가 되며, 술래는 계속 늘어난다.

5) 술래를 피해서 외발로 안경알에서 맞은편 안경알로 넘어갈 수 있다.

6) 모두 술래가 되면 다시 가위바위보로 술래를 뽑는다.

한발 뛰기

. . . . .

1) 출발선을 긋고 가위바위보로 술래를 1명 정한다.

2) 술래를 뺀 다른 아이들은 출발선에서 한 발짝을 뛰어나간 다음 뒤돌아선다.

3) 술래는 출발선에서 손을 뻗어 다른 아이들을 친다. 여럿이 흩어져 있기 때문에 술래는 출발선과 평행하게 이동하며 칠 수 있다.

4) 술래의 손에 닿으면 그 사람이 술래가 된다. 만약 아무도 치지 못하면 한 발짝 만에 출발선 안으로 들어와야 한다. 만약 출발선을 밟거나 들어오지 못하면 술래가 된다.

5) 다음은 두 발짝 뛰어가서 처음과 같이 하고 술래는 한 발짝 된 상태에서 다른 아이를 칩니다. 술래는 다른 아이보다 항상 한 발짝 적게 뛴 다음 다른 아이들을 쳐야 한다.

6) 다섯 발짝부터는 술래가 네 발짝을 뛰고 아무도 치지 못했을 경우 주문대로 들어와야 한다. 이후부터는 술래가 주문하는 대로 놀이가 진행된다.

7) 열 발짝이 되면 더 이상 발짝 수를 늘리지 않는다.

8) 술래가 바뀌어도 처음부터 하지 않고 앞 술래에 이어 한다. 만약 일곱 발짝에서 새로운 술래로 교체되었다면 여덟 발짝으로 이어간다.

주문	주문에 따른 동작	술래역할
오리걸음	오리걸음을 하고 꽥꽥거리며 출발선으로 간다.	
도둑발	술래가 못 보는 곳에서 조금씩 움직여 출발선으로 간다.	
토끼뜀	토끼처럼 깡충깡충 뛰어간다.	
신호등	빨간불 움직이지 않고 그대로 멈추어 있어야 한다.	
신호등	주황불 돌면서 이동해야 한다.	
신호등	초록불 빨리 이동해야 한다.	이때 술래는 아이들을 쳐서 탈락시켜야 한다. 하지만 치려할 때 아이들이 멈추면 칠 수 없다.
색시	손으로 턱을 받치고 웃지 말고 조심스레 걸어간다.	
항아리	두 손으로 깍지 끼고 빙글빙글 돌면서 간다.	
김밥	두 발바닥을 부딪치면서 간다.	
줄넘기	줄넘기를 하는 것처럼 팔을 돌리면서 깡충깡충 뛰어 간다.	
도시락	두 손을 빙글빙글 돌리면서 간다.	
전봇대	한 손은 위로 쭉 뻗어 귀 옆에 붙이고 다른 한 손은 들어 올린 팔의 겨드랑이를 받친 채 이동한다.	
반전전봇대	한 손은 팔꿈치까지 ㄴ 자 형태로 들고 다른 한 손은 팔꿈치를 받친 자세를 취한 채 이동한다.	

8자 놀이

· · · · ·

이 놀이는 대근육을 향상시켜주고, 민첩성과 순발력을 길러준다. 도망 다니다 부딪힐 수 있어 너무 세게 달리지 않도록 하며, 8자를 좀 크게 그리고 앞 부분의 연령대에 맞게 그리도록 한다.

놀이 방법

1) 실내 또는 실외에서 가능한 놀이로 넓은 바닥에 8자 놀이판을 그린다. 이때 인원이 너무 많으면 비좁을 뿐만 아니라 다칠 위험도 있으니 열 명 정도가 좋다.
2) 가위바위보로 술래를 정한다.
3) 8자 놀이판 강 앞에 선 술래가 "무궁화 꽃이 피었습니다!"를 외치면 놀이는 시작되며 술래는 다른 사람을 잡으러 간다.
4) 술래는 길이 끊어진 곳(두 강)을 건널 수 없으며 다른 사람은 외발을 들고 뛰어 건널 수 있다.
5) 술래에게 잡히거나 금을 밟거나 금 밖으로 나가면 술래가 된다.
6) 새로 술래가 된 사람은 다시 길이 끊어진 곳(강 끝)에서 "무궁화 꽃이 피었습니다!"를 외치고 다른 사람을 잡으러 다닌다.
7) 인원이 많아(20여 명) 한꺼번에 놀이를 진행할 때는 8자 두 개를 이어서 쌍 8자 놀이를 할 수 있다.

epilogue ····················

　나 자신의 삶을 통해 경험한 아름다운 이야기를 말할 수 있는 기회에 감사를 표합니다.

　아울러 언젠가는 나의 삶의 역사를 써 봐야지 하는 막연한 생각을 이번에 다른 작가님들의 지지와 격려로 참여하게 되어 더불어 감사합니다.

　웃음, 푸드, 원예, 전래놀이도 우리 삶을 풍요롭게 하는 것이라 더욱 기대를 합니다.

황찬우

　모든 사람들이 매일 웃고 살 수 있다면 얼마나 좋을까요? 웃음은 사람의 마음을 편안하게 하고 행복하게 하는 힘이 있습니다. 글을 쓰면서 웃음은 나를 가장 행복하게 하는 요소이며 나를 건강하게 만드는 최고의 선물이라는 것을 다시 한 번 깨닫는 소중한 시간이었습니다. 웃음치료 과정 중 만나는 사람들이 행복해 하는 모습을 볼 때 '내가 웃음힐링 테라피 선택을 잘 했구나' 하는 생각을 하게 되었고 이렇게 글로 마음을 전할 수 있어 설레고 두근거립니다. 오늘 저와 함께 '웃음 보약' 한잔 하실래요?

김영임

교재를 마무리하면서 시원하고 기쁜 마음도 있지만 한편으로 아쉬움도 많았다. 말로 하는 것보다 글을 쓴다는 작업은 생각보다 힘든일이라는 것을 느꼈던 시간이었다. 푸드아트 테라피를 개발해 주신 이정연 교수님의 교재를 참고한 부분을 이 자리를 빌어 죄송하고 감사한 마음을 전하고 싶다. 그동안 현장에서 다양한 대상들을 만나면서 진행해왔던 프로그램 자료를 바탕으로 푸드아트 테라피에 처음 입문하는 분들에게 조금이나마 도움이 되고 활용할 수 있었으면 한다.

김나연

 성공만이 인생의 열매는 아닙니다. 실패도 열매고 허비했다고 생각한 시간도 열매입니다. 이 책을 쓰면서 이 일을 해야 하나? 꼭 지금 해야 하나? 이런 생각도 했습니다. 그러나 이 시간은 다시 오지 않기에 이 순간을 즐기기로 했습니다.
 기회를 기다리는 사람보다 기회를 만드는 사람이 더 많은 기회를 갖는다고 합니다. 누구나 자신이 원하는 일을 하는 사람은 없습니다. 강사라는 직업은 내가 원하는 일이고, 원예 테라피는 어릴 때 아빠와 함께했던 정원가꾸기, 콩밭 일구기가 나의 직업이 되었습니다. 어릴 때 했던 일이 꿈이 되고 현실이 될 수 있습니다. 이 책을 통해 여러분도 저와 함께 꿈을 꾸어 보세요.

한미경

행복공작소

1판 1쇄 발행 2021년 12월 01일

지은이 황찬우 김영임 김나연 한미경

편   집 김아랑

펴낸곳 고찌허게북스
펴낸이 한미경
이메일 g-books@naver.com
블로그 https://blog.naver.com/g_books
I S B N 979-11-6440-209-0

좋은 책을 만들겠습니다.
고찌허게북스는 독자 여러분의 의견에 항상 귀 기울이고 있습니다.
파본은 구입처에서 교환해 드립니다.